한국어 학습자를 위한
# 한국 시사 읽기

# 머리말

『한국어 학습자를 위한 한국 시사 읽기』는 중급 수준의 '한국어 능력 시험(TOPIK)'을 대비하는 한국어 학습자들에게 한국의 시사(時事)에 대한 읽기 능력을 길러 주기 위한 교재이다. 따라서 이 책은 3급 수준의 한국어 능력 시험을 통과한 중급 학습자(4급 수준)들을 교육하는 한국어 수업에서 활용할 수 있게 내용을 구성하였다.

현재 국내외에서 개발된 한국어 교재는 '듣기 · 말하기 · 읽기 · 쓰기'의 영역이 통합된 교재이거나 회화용 교재가 대부분이다. 이러한 실정에서 '정치, 경제, 사회, 문화, 정보 통신, 매스미디어, 스포츠, 종교' 등 현재 한국에서 일어나고 있는 일을 학습 내용으로 담은 교재는 아주 드물다. 외국어 학습 교재로서 '시사 영어'와 '시사 일본어', '시사 중국어' 교재가 이미 오래 전에 개발되어 있는 점을 고려하면, '시사 한국어'의 교재가 많이 개발되지 않았다는 것은 대단히 놀라운 일이다.

이처럼 '한국 시사 읽기'의 교재가 드물다는 것은 이러한 교재가 필요하지 않기 때문은 아니다. '한국 시사 읽기'의 교재가 반드시 필요하기는 하지만, 실제로 시사 내용이 바뀔 때마다 책의 내용을 개정해야 한다는 부담 때문에 '한국 시사 읽기'의 교재를 개발하기가 어려웠다고 보아야 할 것이다.

지은이들이 개발한 '한국 시사 읽기' 교재는 주제별로 전체 15개의 단원으로 짜여 있다. 곧, ① 인간과 환경, ② 수도와 도시, ③ 인물, ④ 대중문화, ⑤ 음식 문화, ⑥ 스포츠, ⑦ 과학 기술, ⑧ 국제 관계, ⑨ 질병과 건강, ⑩ 직업, ⑪ 사회, ⑫ 사건과 사고, ⑬ 언론과 매체, ⑭ 정치, ⑮ 종교와 믿음의 15개 단원을 주제별로 구성했다. 이처럼 이 책의 체제를 15개 단원으로 구성한 것은 대부분의 대학교에서 15주나 16주를 단위로 수업을 진행하고 있다는 점을 고려한 것이다.

그리고 각각의 소단원에 실린 교육 내용은 다음과 같은 체제로 구성하였다.

첫째, '단원 도입 활동' 부분에서는 ① 소단원의 제목, ② 학습 목표, ③ 동기 유발을 위한 그림을 제시하였다. 둘째, 학습용 텍스트를 제시하되 동일 주제를 둘로 구분하여 '본문 1'과 '본문 2'의 텍스트를 제시하고, 이에 따르는 '생각해 보기'를 설정하였다. 여기서 '본문 1'은 기본 학습용 텍스트이고 '본문 2'는 심화 학습용 텍스트의 성격을 띤다.

둘째, '단원 이해 활동' 부분에서는 본문 텍스트의 내용과 관련된 학습 문제를 제시하여, 교수-학습의 과정에서 학습자가 직접 해결할 수 있도록 하였다. 학습 문제는 ① 어휘력의 측정 문제, ② 텍스트에 대한 이해력의 측정 문제, ③ 쓰기 능력의 측정 문제, ④ 말하기 능력의 측정 문제 등의 네 가지 유형으로 제시하였다. 학습자는 수업 중에 교사의 도움을 받아서 이러한 학습 문제를 해결함으로써, 시사적인 내용이 실린 텍스트를 이해하고 위의 네 가지 유형의 학습 문제를 해결하는 능력을 기를 수 있다.

셋째, '단원 마무리 활동' 부분에서는 본문의 주제와 직접적으로 관련이 있는 한국어의 속담을 제시하였다. 이를 통해서 먼저 학생들은 본문 텍스트의 내용을 이해하고 이를 내면화할 수 있다. 나아가서 한국어 속담의 뜻을 이해하고 실제 언어 생활에서 활용할 수 있는 능력을 기를 수 있도록 하였다.

넷째, 책의 끝에 '부록'의 형식으로 단원 종합 문제를 제시하여서, 학습자들이 고급 수준의 '한국어 능력 시험(TOPIK)'을 준비하는 데에 도움이 되게 하였다. 그리고 어휘와 쓰기 활동을 위한 학습장을 제시하여서, 본시 수업 활동 후에 학습자들이 과제를 수행할 수 있게 하였다.

『한국어 학습자를 위한 한국 시사 읽기』는 2014년에 발간한 〈시사 한국어〉의 내용을 변화된 시대 상황에 맞게 수정하고 보충한 책이다. 시사 교재는 그때그때 실제로 일어나는 일과 사회 현상을 교재에 반영해야 하기 때문에, 불가피하게 기존에 수록된 내용을 수정하거나 보충한 것이다. 향후에도 시대 상황이 바뀔 때에는 지속적으로 교재의 내용을 수정하고 보충할 계획이지만, 한국어 학습자와 교사에게 편리한 교재를 만들려고 하는 생각은 변함이 없을 것이다. 지은이들의 이러한 바람이 이루어져서 이 책이 한국 시사를 학습하는 이들에게 조금이라도 도움이 되었으면 한다.

끝으로 이 책을 출판해 주신 '동아시아문화출판사 오미'의 최형록 대표님께 머리말을 빌려서 고마운 마음을 전한다.

2019년 2월
지은이들 씀

# 차 례

1과 아픈 지구를 위해서 무엇을 할 수 있을까요?　　9

2과 서울특별시와 세종특별자치시　　17

3과 이분을 아세요?　　25

4과 한국의 대중문화는 어떤 모습일까요?　　33

5과 한국의 음식 문화　　41

6과 한마음으로 즐기는 스포츠　　49

7과 인터넷은 우리 생활을 어떻게 바꾸었을까요?　　57

8과 국제 사회에서 한국은 어떤 역할을 하고 있을까요?　　65

| 9과 한국인들은 어디가 많이 아플까요? | **73** |

| 10과 어떤 일을 하고 싶습니까? | **81** |

| 11과 한국 사람들의 생활 방식이 변하고 있다! | **89** |

| 12과 오늘의 뉴스를 말씀드리겠습니다 | **97** |

| 13과 언론 매체에는 어떤 특징이 있을까요? | **105** |

| 14과 한국의 정치 | **113** |

| 15과 한국인의 신앙생활 | **121** |

【부록】　　　　　　　　　　　　　　　　　　　**132**

## 1과 아픈 지구를 위해서 무엇을 할 수 있을까요?

**학습 목표**

1. 지금 우리의 환경이 어떠한지 이해한다.
2. 환경을 보호하기 위해 어떤 일을 할 수 있는지 알아본다.

### 생각해 봅시다

한국에서 4월 5일은 식목일입니다. 나무를 심는 날을 왜 정했을까요? 여러분 나라에도 이런 날이 있습니까?

### 본문 1

#### 환경 보호의 필요성

지구는 지금 심한 몸살을 앓고 있습니다. 그 이유는 지구가 점점 뜨거워지고 있기 때문인데, 이것을 지구 온난화라고 합니다. 그런데 지구가 왜 뜨거워지고 있을까요?

먼저 온실가스 때문입니다. 온실가스는 우리가 좀 더 편리한 생활을 하기 위해서 사용하는 것에서 많이 나옵니다. 공장에서 나오는 매연, 자동차에서 사용하는 연료로부터 나오는 가스, 냉방과 난방을 할 때 나오는 가스 등이 우리가 쉽게 볼 수 있는 온실가스입니다.

다음으로는 나무가 많이 없어지기 때문입니다. 나무는 오염된 공기를 깨끗한 공기로 바꾸어 주는 역할을 합니다. 나무는 주로 집을 짓거나 가구를 만들거나 종이를 만드는 데에 사용됩니다. 그래서 나무가 많이 필요한데, 나무를 베기만 하고 다시 심지 않았습니다. 깨끗한 공기를 만들어 줄 수 있는 나무가 없어질수록 지구의 온도가 점점 올라가는 것입니다.

이렇게 지구가 뜨거워지면 남극과 북극에 있는 얼음이 녹는다고 합니다. 그러면 영화에서 보는 것처럼, 우리가 살고 있는 곳이 바다가 될 수도 있습니다. 그리고 얼음이 녹으면 바다의 온도가 달라지기 때문에, 날씨가 아주 추워지거나 더워져서 사람이 살 수 없게 된다고 합니다.

우리가 살고 있는 지구를 위해서 어떤 일을 할 수 있을까요?

### 어 휘

지구 온난화, 온실가스, 매연, 연료, 냉방, 난방, 역할, 온도, 남극, 북극, 앓다, 베다, 오염되다, 심다, 녹다

## 풀어보기

1. 다음 중 단어의 의미 관계가 나머지와 <u>다른</u> 하나를 고르십시오.

   ① 얼다 – 녹다　　　　　　　② 베다 – 심다
   ③ 오염되다 – 정화되다　　　④ 뜨거워지다 – 추워지다

2. 다음 중 단어의 연결이 나머지와 <u>다른</u> 하나를 고르십시오.

   ① 녹다 – 녹이다　　　　　　② 베다 – 베이다
   ③ 살다 – 살리다　　　　　　④ 오르다 – 올리다

3. 위 글의 내용과 일치하지 <u>않는</u> 것을 고르십시오.

   ① 지구의 온도가 올라가는 것을 지구 온난화라고 한다.
   ② 우리의 생활이 편리해질수록 오염도 심해진다.
   ③ 남극과 북극의 얼음이 녹아도 바다의 온도는 달라지지 않는다.
   ④ 나무를 많이 베면 날씨가 점점 더워진다.

4. 위 글의 주제를 써 보십시오.

   _____

   _____

5. 위 글에서 지구 온난화의 이유를 찾아 쓰십시오.

   _____

   _____

## 쓰 기

- 지구의 온난화 문제를 해결하기 위해 우리가 어떤 일을 할 수 있을까요? 여러분의 생각을 써 보십시오.

## 말하기

- 지구 온난화가 우리 생활에 어떤 영향을 주는지에 대하여 이야기해 봅시다.

### 생각해 봅시다

우리는 더 편리한 생활을 위해 자연을 개발하는데, 그것이 우리에게 어떤 결과를 가져다주었을까요?

### 본문 2

#### 인간의 삶과 환경 오염

환경을 보존하는 것과 개발하는 것 중 어느 것이 더 중요할까? 이 두 가지 중에서 무엇이 더 중요한지 생각해 볼 필요가 있다.

댐 건설과 골프장 건설을 이러한 예로 들 수 있다. 먼저 댐은 농사를 지을 때 많은 양의 농산물을 얻고, 우리가 물을 사용하는 데 부족함이 없게 하기 위해서 건설하였다. 그런데 댐을 만들면 거기에 살고 있던 사람들이 피해를 보거나, 사람이 살 수 있는 땅이 줄어들 수 있다. 그리고 물이 잘 흐르지 않아서 오염되기도 하고, 물고기들이 오고 가는 길이 없어져서 물고기들이 살지 못할 수도 있다.

사람은 먹고사는 문제가 해결되면, 삶의 여유를 찾고 즐기면서 살기를 원한다. 예를 들어 골프도 삶의 여유를 즐기는 스포츠 중의 하나이다. 그런데 골프장을 건설하려면 나무를 베어야 하고, 나무를 베면 여러 가지 환경 문제가 발생한다. 더구나 만들어 놓은 골프장을 유지하기 위해서는 많은 물이 필요하여 물 낭비가 심해진다. 뿐만 아니라 골프장의 잔디를 잘 관리하려면 그만큼 약을 많이 쳐야 하기 때문에 땅과 물이 오염된다.

1960~80년대에 한국은 경제 성장과 풍요로운 삶을 위해 많은 노력을 했다. 그래서 환경에 대한 관심이 적었던 것이 사실이다. 이제 우리는 다음과 같은 문제에 대해 관심을 가질 필요가 있다.

"인간을 위해서 환경을 개발하는 것이 옳은 일인가, 보존하는 것이 옳은 일인가?"

### 어 휘

댐, 건설, 농산물, 피해, 여유, 낭비, 잔디, 짓다, 줄어들다, 즐기다, 발생하다, 유지하다, 치다, 풍요롭다

## 풀어보기

1. 다음 중 (   )에 공통적으로 들어갈 수 있는 단어를 고르십시오.

   · 은행에서 빚을 (      ).
   · 철수는 이번에는 학교 근처에 있는 방을 (      ).
   · 아저씨는 이번에 아들이 결혼해서 며느리를 (      ).

   ① 구하다                    ② 얻다
   ③ 빌리다                    ④ 맞이하다

2. 다음 중 반대말의 연결이 <u>잘못된</u> 것을 고르십시오.

   ① 관심 – 무관심              ② 필요 – 불필요
   ③ 해결 – 불해결              ④ 안정 – 불안정

3. 서로 의미가 같은 것끼리 연결하십시오.

   ① 공기가 더러워지는 것 •           •㉠ 토양 오염
   ② 물이 더러워지는 것   •           •㉡ 대기 오염
   ③ 땅이 더러워지는 것   •           •㉢ 수질 오염

4. 위 글의 내용으로 알 수 있는 것을 고르십시오.

   ① 댐을 만드는 이유는 환경을 보호하기 위한 것이다.
   ② 사람들이 골프를 치는 이유는 돈을 많이 벌기 위해서이다.
   ③ 골프장을 많이 만들면 풀이 많이 잘 자랄 수 있어서 환경을 보호할 수 있다.
   ④ 1980년대까지 한국 사람들은 환경보다 경제적 풍요로움을 더 중요하게 생각했다.

5. 위 글에서 지구 온난화의 이유를 찾아 쓰십시오.

### 쓰 기

- 환경 오염이 우리의 삶에 어떠한 영향을 미칠 수 있을까요? 여러분의 생각을 써 보십시오.

### 말하기

- 여러분 나라에서 자연 환경이 가장 좋은 도시에 대해 이야기해 봅시다.

## 속담 한마디 1

### 강물도 쓰면 준다.

{풀이}
　아주 많은 강물도 쓰면 줄어드는 것처럼, 어떤 것이 아무리 많아도 아껴 쓰지 않으면 곧 없어진다는 것을 나타내는 속담이다. 비슷한 속담으로는 '시냇물도 퍼 쓰면 준다'가 있다.

{활용}
　이수미: 요즘 지구 온난화가 점점 심해지는 것 같죠?
　마이클: 네, 정말 걱정이에요. 우리 생활 속에서 지구 온난화를 막을 수 있는 방법에는 어떤 게 있을까요?
　이수미: 종이를 아껴 쓰는 것도 방법이 아닐까요? '강물도 쓰면 준다'는 말이 있잖아요.
　마이클: 맞아요. 종이도 많이 있다고 해서 낭비하면 나중에는 나무도 모두 없어질 테니까요.

{과제} 여러분의 나라에서 쓰이는 비슷한 속담을 써 보세요.

---

---

---

# 2과 서울특별시와 세종특별자치시

**학습 목표**

1. 대한민국 수도의 과거·현재·미래에 대하여 살펴본다.
2. 세종특별자치시를 만들게 된 배경을 알아본다.

### 생각해 봅시다

대한민국은 왜 서울을 수도로 정했을까요?

### 본문 1

#### 한국의 수도인 서울특별시

모든 나라에는 수도가 있습니다. 일반적으로 수도는 정치, 경제, 문화의 중심지입니다. 그렇다면 한국에서는 어떠한 곳을 수도로 정했을까요?

조선 시대 이후로 한국의 수도는 서울이었습니다. 그러나 제2차 세계 대전 이후 정치적·이념적 차이를 겪으면서 38선을 기준으로 남과 북으로 갈라서게 되었습니다. 이러한 국토 분단의 결과로 남한의 수도와 북한의 수도가 각각 서울과 평양으로 나뉘게 되었습니다.

남한의 수도는 서울로서 한반도의 중심을 흐르는 한강 하류에 자리를 잡고 있습니다. 서울은 조선 시대에는 '한양', 대한제국 시대에는 '한성', 일제 강점기 때는 '경성'이라는 이름을 쓰다가 현재는 '서울'이라는 이름을 쓰게 되었습니다. 한편, 북한의 수도는 한반도 서북부 중앙에 자리한 평양입니다. 평양은 평안남도 남서부 대동강 하류에 위치하고 있는 곳으로서, 고구려의 수도이기도 했습니다.

역사는 돌고 돈다는 말이 있습니다. 결국 합쳐진 것은 갈라지게 되어 있고, 갈라진 것은 다시 합쳐진다고 합니다. 현재 남북한은 정치 교류, 경제 교류 그리고 문화 교류를 시도하고 있습니다. 이러한 과정을 거치면서 남북통일의 길로 다가가고 있습니다.

한반도가 통일이 되었을 때 어떤 곳이 통일 국가 수도로 좋을까요?

### 어휘

수도, 특별시, 이념, 38선, 분단, 한반도, 한강, 하류, 조선 시대, 대한제국 시대, 교류, 일제 강점기, 통일, 갈라서다, 자리를 잡다, 위치하다, 갈라지다

## 풀어보기

1. 다음 중 (   )에 공통적으로 들어갈 수 있는 단어를 고르십시오.

   · 그는 많은 어려움을 (   ) 대통령이 되었다.
   · 부산에서 출발해서 대전을 (   ) 서울에 도착한다.
   · 학생들은 중학교와 고등학교를 (   ) 대학에 입학하게 된다.

   ① 겪다　　　　　　　　　　② 거치다
   ③ 지나다　　　　　　　　　④ 통하다

2. 다음의 (   )에 들어갈 수 <u>없는</u> 것을 고르십시오.

   그 건물은 시내 중심가에 (   ) 있다.

   ① 위치하고　　　　　　　　② 자리하고
   ③ 자리를 잡고　　　　　　　④ 위치를 정하고

3. 위 글의 내용과 일치하는 것을 고르십시오.

   ① 한국의 통일 국가 수도는 서울이다.
   ② 경제 문제 때문에 남과 북으로 나뉘어졌다.
   ③ 서울과 평양은 역사와 전통이 깊은 도시이다.
   ④ 남북으로 분단이 되었지만 교류가 활발해 국민들은 불편이 없었다.

## 쓰 기

• 남한과 북한의 수도가 다른 이유를 위 글에서 찾아 써 보십시오.

## 말하기

• 여러분 나라의 수도를 소개해 보십시오.

### 생각해 봅시다

여러분 나라에 새로 만든 도시가 있습니까? 그 도시의 특징은 무엇입니까?

### 본문 2

**행정 중심 도시인 '세종특별자치시'**

한국 속담에 '말은 나면 제주도로 보내고 사람은 나면 서울로 보내라'라는 말이 있습니다. 이런 말이 생길 정도로, 예로부터 한국 사람들은 서울이나 그 주변에서 모여 살았습니다. 그 결과 현재 인구의 5명 중 1명이 서울에 사는 시대가 되었습니다.

이렇게 인구가 서울에 몰리면서 많은 문제가 생겼습니다. 그중에서 가장 큰 문제는, 서울은 비약적으로 발전했지만 지역 사회는 그렇지 못하다는 것입니다. 이러한 문제를 해결하기 위해서 수도권 인구 집중 현상을 막고 국토를 균형 있게 발전시켜야 한다는 의견이 나왔습니다. 그래서 행정 중심 도시를 건설하자는 논의가 시작되었고, 2012년 7월 1일부터 충청남도 연기군 일대에 행정 중심 복합 도시인 '세종특별자치시'가 만들어졌습니다.

사실, 세종시가 생기기까지는 많은 어려움이 있었습니다. 특히, 노무현 정부에서 이명박 정부로 바뀌면서 원래 계획이 백지화될 위기에 빠지기도 했습니다. 그러나 결국 국회의 논의를 거쳐서 원래의 계획대로 세종시를 건설할 수 있게 되었습니다.

세종시가 생겨서 수도권의 인구가 분산되어 인구 집중으로 생겼던 여러 문제들을 해결할 수 있게 되었습니다. 이에 따라 수도권의 생활 환경도 나아질 것으로 기대됩니다. 또한 다른 지역들도 세종시와 함께 조화롭게 발전될 것으로 전망됩니다.

### 어 휘

주변, 비약적, 지역 사회, 수도권, 집중, 국토, 균형, 의견, 행정 중심 도시, 논의, 일대, 복합 도시, 자치시, 분산, 생활 환경, 정부, 위기, 국회, 백지화되다, 건설하다, 조화롭다, 전망되다

## 풀어보기

1. 다음 중 단어의 의미 관계가 나머지와 <u>다른</u> 하나를 고르십시오.

   ① 성공 – 출세　　　② 발전 – 성장
   ③ 분산 – 집중　　　④ 나다 – 태어나다

2. 위 글의 내용과 일치하지 <u>않는</u> 것을 고르십시오.

   ① 서울과 그 주변 지역에 사람들이 많이 모여 산다.
   ② 서울의 인구 집중을 막기 위해서 세종시가 계획되었다.
   ③ 세종시의 건설을 계획하고 실행하는 데에 어려움이 많았다.
   ④ 세종시는 충청도에 위치하고 있으며 첨단 과학 기능을 갖춘 도시이다.

3. 세종시를 건설함으로써 기대되는 효과를 쓰십시오.

## 쓰 기

- 대도시에 나타나는 일반적인 문제점에 대해 써 보십시오. 그리고 그것을 해결할 수 있는 방법을 써 보십시오.

## 말하기

- 여러분 나라의 유명한 도시를 소개해 보십시오.

## 속담 한마디 2

### 서울을 가야 과거에 급제하지.

{풀이}
　어떤 성과를 거두려면 그에 상당하는 노력과 준비가 있어야 한다는 뜻을 나타내는 속담이다. 비슷한 속담으로는 '잠을 자야 꿈을 꾸지, 하늘을 보아야 별을 따지'가 있다.

{활용}
　매튜: 마지막 학기니까 컴퓨터 자격증을 따야 하는데…….
　영희: 지난달부터 그 말을 하더니 아직도 그러고 있어?
　매튜: 바빠서 생각만 하고 있었거든.
　영희: 그래도 자격증은 꼭 따야 하니까 일단 학원부터 알아보자.
　　　　'서울을 가야 과거에 급제하지'라는 속담도 있잖아.

{과제} 여러분의 나라에서 쓰이는 비슷한 속담을 써 보세요.

........................................................................

........................................................................

........................................................................

# 3과 이분을 아세요?

**학습 목표**

1. 이태석 신부를 통해 봉사의 진정한 의미를 이해한다.
2. 끊임없이 새로운 분야에 도전하는 이철호 씨에 대해 알아본다.

### 생각해 봅시다

여러분은 봉사 활동을 해 본 적이 있습니까? 있다면 그 경험을 통해서 무엇을 느꼈습니까? 없다면 앞으로 어떤 봉사 활동을 해 보고 싶습니까?

### 본문 1

#### 톤즈 사람들을 울린 이태석 신부

남을 위해 봉사를 하는 것은 생각만큼 쉬운 일이 아니다. 그런데 고(故) 이태석 신부는 사람들이 쉽게 하지 못하는 봉사를 한 사람으로 잘 알려져 있다.

그는 의과대학을 졸업한 후에 의사 생활을 하지 않고, 성직자가 되려고 다시 신학대학에 입학했다. 신학생 시절에 남수단(Republic of South Sudan)에서 봉사를 하면서, 자신이 해야 할 일과 할 수 있는 일이 많다는 것을 알았다. 졸업 후 2001년 11월부터 남수단 톤즈(Tonj)에서 선교 활동과 봉사 활동을 시작하게 되었다.

오랜 전쟁으로 인해 가난하고 병든 사람이 많은 톤즈에서 그가 한 역할은 한두 가지가 아니었다. 의사이자, 선생님이자, 직접 병원과 성당을 지은 건축가였다. 그뿐만 아니라 독학으로 연주법을 익힌 후에, 전쟁으로 상처받은 아이들을 음악으로 치료하려고 '브라스 밴드(Brass Band)'도 만들었다. 이러한 이태석 신부를 톤즈 사람들은 가장 의지하고 존경했다.

그러던 중 2008년 10월, 한국에 온 그는 종합병원에서 건강검진을 받았다. 뜻밖에 대장암 말기 선고를 받고 2년 동안 투병 생활을 했다. 그러나 몹시 가고 싶어 하던 톤즈로 돌아가지 못하고, 48세의 젊은 나이로 세상을 떠났다. 톤즈 사람들은 남에게 눈물을 보이는 것을 가장 부끄러운 일로 생각하지만, 그 슬픈 소식을 듣고 오랫동안 눈물을 흘렸다.

그를 떠나보낸 톤즈의 아이들은 그의 사랑에 보답하기 위해 커서 봉사를 하며 살겠다고 한다. 이렇게 한 사람에게서 받은 사랑이 또 다른 사람으로 이어진다면 더욱 더 따뜻한 세상이 될 것이다.

### 어휘

봉사, 신부, 성직자, 신학대학, 선교 활동, 성당, 독학, 연주법, 건강검진, 대장암, 말기, 선고, 투병 생활, 세상, 몹시, 소식, 의지하다, 존경하다, 흘리다, 보답하다, 이어지다

## 풀어보기

1. 다음 중 단어의 의미 관계가 나머지와 <u>다른</u> 것을 고르십시오.

   ① 고치다 – 치료하다      ② 존경하다 – 무시하다

   ③ 끊기다 – 이어지다      ④ 입학하다 – 졸업하다

2. 다음의 ( )에 공통적으로 들어갈 수 있는 단어를 고르십시오.

   - 이 고기는 불에 (　　) 먹어야 한다.
   - 그 기술은 (　　) 돈을 벌려면 1년이 걸린다.
   - 친구는 사람들과 낯을 (　　) 모임에 참석한다.

   ① 굽다      ② 알다

   ③ 배우다      ④ 익히다

3. 위 글의 내용과 일치하는 것을 고르십시오.

   ① 이태석 신부는 의과대학을 졸업한 후에 바로 톤즈로 갔다.
   ② 이태석 신부는 처음부터 악기 연주법을 알고 있었다.
   ③ 이태석 신부는 건강검진을 받은 후에 결국 톤즈로 돌아가지 못했다.
   ④ 톤즈 사람들은 남에게 눈물을 쉽게 보이는 사람들이다.

4. 이태석 신부가 톤즈에서 한 역할을 모두 찾아서 쓰십시오.

## 쓰 기

- 각 봉사 활동의 유형에 맞는 활동 내용으로 어떤 것이 있는지 쓰십시오.

| 유형 | 활동 내용 |
|---|---|
| 위로, 위문 | |
| 교육, 지도 | |
| 재난 구호 | |
| 일손 돕기 | |

## 말하기

- 여러분의 나라에서 봉사 활동으로 다른 사람들에게 감동을 준 사람에 대해 이야기해 봅시다.

> **생각해 봅시다**

여러분은 어떤 일에 도전해 본 적이 있습니까? 왜 그 일에 도전하게 되었습니까?

> **본문 2**

### 라면왕 미스터 리(Mr. Lee)

이철호 씨는 현재 노르웨이에서 라면의 대명사로 통한다. 사람들은 라면을 달라는 말 대신에 "미스터 리 주세요."라고 할 정도이다. 그는 노르웨이 학교의 교과서에 실릴 만큼 유명한 인물이 되었다. 그뿐만 아니라 2004년에는 이민자 최초로 국왕으로부터 '자랑스러운 노르웨이인 상'을 받기도 했다.

그는 17세 때, 한국 전쟁으로 인해 고아가 된 데다가 다리에 부상까지 입었다. 한국에서는 부상을 치료하기 어려워 1954년에 노르웨이로 가면서, 최초의 한국인 이민자가 되었다. 무려 43번의 수술 끝에 겨우 걸을 수 있게 되었지만, 당장 먹고사는 문제에 맞닥뜨렸다. 생계를 위해서 막일을 하던 중, 식당에서 일하면 밥을 굶지 않을 거라는 생각에 호텔 식당 청소부로 취직을 했다. 거기에서 궂은 일도 마다하지 않고 열심히 일하자, 감동을 받은 주방장이 그에게 요리를 배우도록 해 주었다. 이에 만족하지 않고 최고의 요리사가 되겠다며 요리 전문 학교에 다녔다.

하지만 그에게 시련도 있었다. 그가 책임자로 일했던 유명 식당이 팔려서 일을 그만두거나, 여러 가지 일들을 시도했지만 번번이 실패하기도 했다. 그러던 중 한국을 방문하여 처음 라면을 먹어 보고, 그 맛에 감탄하여 노르웨이에서 라면 사업을 해 보기로 결심했다. 1989년에 노르웨이인들에게 라면을 처음 선보였을 때, 사람들은 꼬불거리는 면과 얼큰하고 매운 맛에 ㉠ <u>거부감</u>을 보였다. 이런 문제를 해결하고자 끊임없이 연구한 끝에, 그들의 입맛에 맞는 라면을 개발하여 ㉡ <u>대성공</u>을 거두었다. 그 결과, '미스터 리' 라면은 창업 후 20여 년간 노르웨이에서 전체 라면 판매율의 80% 이상을 차지해 왔다.

그는 온갖 시련을 극복하고 성공한 사람이다. 꿈을 이루는 과정이 힘들어서 중도에 포기하려는 사람이 있다면, 그가 한 이 말을 떠올려 보자.

"당장은 비참하고 힘들어도 자신의 삶을 찾아가는 잠깐의 과정일 뿐이다."

> **어 휘**

대명사, 이민자, 고아, 생계, 막일, 시련, 거부감, 대성공, 창업, 중도, 부상, 무려, 번번이, 맞닥뜨리다, 궂다, 마다하다, 시도하다, 감탄하다, 선보이다, 꼬불거리다, 얼큰하다, 극복하다, 포기하다, 떠올리다, 비참하다

## 풀어보기

1. 다음 중 단어의 의미 관계가 나머지와 <u>다른</u> 것을 고르십시오.

   ① 막일 – 허드렛일    ② 번번이 – 매번
   ③ 취직하다 – 취업하다    ④ 얼큰하다 – 달콤하다

2. 밑줄 친 ㉠에 사용된 '-감'의 의미와 같은 것을 고르십시오.

   ① 그 사람은 미래의 <u>대통령감</u>이다.
   ② 나는 <u>책임감</u>이 없는 사람과 일하고 싶지 않다.
   ③ 어머니는 <u>한복감</u>을 사려고 한복 시장에 가셨다.
   ④ 철수 씨는 최고의 <u>신랑감</u>이라는 평가를 받는다.

3. 밑줄 친 ㉡에 쓰인 '대-'의 의미와 <u>다른</u> 것을 고르십시오.

   ① 대가족    ② 대작가
   ③ 대명사    ④ 대선배

4. 위 글의 내용과 일치하는 것을 고르십시오.

   ① 이철호 씨는 17세에 부모와 함께 노르웨이로 떠났다.
   ② 이철호 씨는 호텔의 요리사로서 대성공을 거두었다.
   ③ 노르웨이인들은 처음에 한국에서 파는 라면의 맛을 좋아했다.
   ④ 미스터 리 라면은 노르웨이에서 가장 많이 팔리는 라면이다.

## 쓰 기

- 여러분이 도전해 보고 싶은 분야와 그 이유에 대해 써 보십시오.

| | |
|---|---|
| 어떤 분야에 도전하고 싶어요? | |
| 이유는 무엇인가요? | |
| 어떤 결과를 기대할 수 있을까요? | |

## 말하기

- 위에 쓴 내용을 바탕으로, 도전해 보고 싶은 분야에 대해 이야기해 봅시다.

## 속담 한마디 3

### 구르는 돌에는 이끼가 끼지 않는다.

{풀이}
 부지런하고 꾸준히 노력하는 사람은 제자리에 머무르지 않고, 더 열심히 노력하여 계속 발전한다는 뜻의 속담이다. 비슷한 속담으로는 '가는 말에 채찍질'이 있다.

{활용}
 수지: 영수 씨는 성공한 사람인데, 항상 노력하는 것 같아요.
 안나: 그렇죠? '구르는 돌에는 이끼가 끼지 않는다'는 말처럼 지금도 한곳에 안주하거나 만족하지 않고 늘 노력하고 있네요.
 수지: 우리도 그런 태도를 배워야겠어요.

{과제} 여러분의 나라에서 쓰이는 비슷한 속담을 써 보세요.

---

---

---

---

# 4과 한국의 대중문화는 어떤 모습일까요?

**학습 목표**

1. 한국의 대중문화에 대하여 알아본다.
2. 부산국제영화제에 대하여 알아본다.

### 생각해 봅시다

여러분은 '한국'이라고 하면, 무엇이 제일 먼저 떠오릅니까?

### 본문 1

#### 세계인을 사로잡은 한국의 대중문화

 2013년, 세계는 '싸이(Psy)'의 '강남 스타일'에 빠졌다. 중독성 있는 가사와 반복되는 리듬, 재미있는 말춤이 세계인들을 사로잡았다. 유튜브 조회 수가 2019년 32억 건을 돌파하면서 싸이도 한류의 주역이 되었다.

 '한류'라는 말은 중화권에서 처음 쓰이기 시작했다. 1990년대 중·후반 중화권에서는 한국의 TV 드라마인 '사랑이 뭐길래'로 시작하여 가수 클론, HOT 등이 큰 인기를 끌었다. 그 당시 중국 언론에서 한국 대중문화에 대한 열광을 표현하기 위해 한류라는 표현을 사용했다.

 일본에서는 2003년에 NHK에서 방영된 TV 드라마 '겨울 연가'로 한류가 시작되었다. 드라마의 주인공인 배용준 씨는 일본 내에서 '욘사마' 열풍을 일으켜, 많은 일본인 관광객들이 그 드라마 촬영지에 방문하기도 했다.

 이렇게 드라마 수출로 시작된 한류는 아시아 각국에서 인기를 끌었다. 2000년대 중·후반부터는 한국의 대중가요(K-Pop)와 아이돌 스타가 세계 각국에서 사랑을 받으며 한류 열풍을 이어 가고 있다.

 최근에는 세계인들이 한국 대중문화를 통해 한국어, 한국의 음식, 예절, 역사 등에도 큰 관심을 가지기 시작했다. 과거의 한류가 한국 대중문화의 인기 현상을 가리키는 것이었다면, 현재의 한류는 한국의 문화 전반에 대해 세계적으로 관심을 받는 문화 현상으로 그 의미가 확대되었다.

 가장 한국적인 것이 세계적인 것이라는 말이 있다. 한국 문화의 특수성을 잘 살려 발전시킬 때, 한류는 세계에서 빛날 수 있을 것이다.

### 어휘

중독성, 유튜브(youtube), 주역, 중화권, 대중문화, 열광, 열풍, 촬영지, 수출, 각국, 대중가요, 특수성, 빠지다, 사로잡다, 돌파하다, 방영되다, 확대되다

## 풀어보기

1. 다음 중 단어의 의미 관계가 나머지와 <u>다른</u> 것을 고르십시오.

   ① 확대 – 축소　　　　　② 수출 – 수입
   ③ 특수 – 보편　　　　　④ 관심 – 호감

2. 다음의 (　　)에 공통적으로 들어갈 수 있는 단어를 고르십시오.

   > · 그는 사랑에 (　　) 있다.
   > · 환절기가 되니 머리카락이 많이 (　　).
   > · 119 구조대가 물에 (　　) 사람을 구했다.

   ① 들어가다　　　　　② 젖다
   ③ 빠지다　　　　　　④ 뽑히다

3. 위 글의 내용과 일치하지 <u>않는</u> 것을 고르십시오.

   ① 가수 싸이의 강남 스타일은 유튜브를 통해 세계인들을 사로잡았다.
   ② 한국의 대중문화는 아시아를 넘어 세계 각국에서 사랑을 받고 있다.
   ③ 한류는 한국의 대중문화를 포함한 문화 전반에 대한 관심을 보이는 현상이다.
   ④ 한국의 대중문화가 발전하려면 인류 문화의 보편성을 강조해야 한다.

4. 세계인들에게 관심을 받는 한국의 대중문화에는 어떤 것이 있는지 위 글에서 찾아봅시다.

## 쓰 기

• 여러분이 관심을 두는 한국의 대중문화에 대하여 써 봅시다.

| 대중문화 | 좋아하는 이유 |
|---|---|
|  |  |
|  |  |
|  |  |
|  |  |
|  |  |

## 말하기

• 한국 대중문화의 장점과 단점에 대하여 자유롭게 말해 봅시다.

### 생각해 봅시다

여러분은 어떤 영화를 좋아합니까? 그 영화를 보고 무엇을 느꼈나요?

### 본문 2

#### 부산국제영화제(BIFF)

'부산국제영화제'는 1996년부터 대한민국의 항구 도시 부산에서 매년 10월에 열리는 영화제이다. 이 영화제는 세계 영화계에 한국 영화를 비롯한 아시아 영화의 위상을 높이고자 하는 목적으로 개최되고 있다.

부산국제영화제는 유명한 감독과 배우들이 레드 카펫을 밟는 것으로 시작된다. 개막식에 참여하면 한국뿐 아니라 세계의 유명한 인사들을 가까이에서 직접 볼 수도 있다. 개막 작품이 상영되면서부터 열흘 동안 해운대와 남포동 일대의 극장에서 다양한 영화가 소개된다.

이 영화제에서는 아시아 출신의 신인 감독이 제작한 새로운 영화를 소개하고, 투자자와 만날 수 있도록 주선한다. 1998년에는 신인 감독들과 투자자를 연결해 주는 '부산 프로모션 플랜'이 수립되어, 2011년부터는 '아시아 프로젝트 마켓'이라는 이름으로 이어져 오고 있다. 2012년에는 아시아를 대표할 배우 양성을 목표로 '아시아 연기자 아카데미'를 출범하여 신인 연기자 발굴에 힘쓰고 있다.

부산국제영화제는 다른 영화제와는 달리 관객들이 적극적으로 참여할 수 있는 것이 특징이다. 관객과 영화인이 자유롭고 편한 분위기에서 직접 소통하는 '오픈 토크(open talk)'는 많은 사람들에게 호응을 얻고 있다. 이러한 특징 때문에 부산국제영화제는 짧은 시간 동안 크게 성장할 수 있었다.

우리가 잘 알고 있는 세계3대 영화제인 칸(Cannes)·베를린(Berlin)·베니스(Venice) 영화제는 그 역사가 반세기를 넘었다. 부산국제영화제는 이들 영화제에 비하여 역사가 짧음에도 불구하고 세계적인 영화제로 급성장하고 있다.

백문이 불여일견이다(百聞不如一見). 다가오는 가을, 부산으로 와서 영화의 바다에 풍덩 빠져 보지 않겠는가!

### 어휘

국제, 영화제, 레드 카펫, 개막식, 인사, 투자자, 양성, 발굴, 관객, 호응, 반세기, 풍덩, 비롯하다, 개최되다, 주선하다, 수립되다, 출범하다, 급성장하다, 다가오다

## 풀어보기

1. 다음 중 단어의 의미 관계가 나머지와 <u>다른</u> 것을 고르십시오.

   ① 참여하다 – 참가하다　　　　② 개최되다 – 열리다
   ③ 개막하다 – 폐막하다　　　　④ 구경하다 – 관람하다

2. 다음의 (　　)에 공통적으로 들어갈 수 있는 단어를 고르십시오.

   · 사과나무에 사과가 (　　) 있다.
   · 연말에는 여러 가지 시상식이 (　　).
   · 2016년에는 브라질에서 올림픽이 (　　).

   ① 달리다　　　　　　　　　　② 열리다
   ③ 시작되다　　　　　　　　　④ 개최되다

3. 위 글의 내용과 일치하는 것을 고르십시오.

   ① 영화제의 폐막식에서는 레드 카펫을 밟는 세계의 유명 인사들을 만날 수 있다.
   ② 부산국제영화제에서는 감독과 투자자를 연결하고, 신인 연기자들을 발굴한다.
   ③ 관객과 영화인이 간접 소통하는 오픈 토크는 사람들에게 큰 호응을 얻고 있다.
   ④ 부산국제영화제는 세계3대 영화제 중 하나로 이미 그 역사가 반세기가 넘었다.

4. '부산국제영화제'의 특징을 본문에서 찾아 쓰십시오.

## 쓰 기

- 지난해에 열린 부산국제영화제의 개막 작품과 폐막 작품에 대해서 다음 사항을 찾아봅시다.

|  | 작품명 | 감독명 | 주연 배우명 | 출품 국가 |
|---|---|---|---|---|
| 개막 작품 |  |  |  |  |
| 폐막 작품 |  |  |  |  |

## 말하기

- 여러분들이 좋아하는 영화감독이나 배우에 대해서 이야기해 봅시다.

## 속담 한마디 4

### 구슬이 서 말이라도 꿰어야 보배.

{풀이}

　이 속담은 아무리 훌륭하고 좋은 것이라도 다듬고 정리하여 쓸모 있게 만들어야 가치가 있다는 말이다. 비슷한 속담으로는 '부뚜막의 소금도 집어넣어야 짜다'가 있다.

{활용}

경민: 우와, 책이 아주 많구나!
왕양: 응, 책 욕심 탓에 이것저것 샀는데 아직 읽지는 못했어.
경민: '구슬이 서 말이라도 꿰어야 보배'야. 책을 사기만 하면 뭐해? 읽어야지.
왕양: 나도 알긴 아는데, 너무 바빠서…….

{과제} 여러분의 나라에서 쓰이는 비슷한 속담을 써 보세요.

# 5과 한국의 음식 문화

**학습 목표**

1. 한국 음식 문화의 특징을 이해한다.
2. 커피를 통해 변화하는 한국 문화를 이해한다.

### 생각해 봅시다

여러분은 한국 음식 중 어떤 것을 좋아합니까? 한국 음식의 특징은 무엇이라고 생각합니까?

### 본문 1

#### 한국의 음식 문화

'음식 문화'라는 말처럼 우리가 먹고 마시는 음식 속에는 많은 문화적인 의미가 있다. 한국 음식 문화의 특징은 무엇일까?

한국 요리는 발효 식품을 많이 사용한다. 한국 요리의 기본양념인 간장, 된장, 고추장도 발효 식품이다. 발효 식품은 만드는 데에 오랜 시간이 걸리고 만드는 사람의 정성과 인내가 필요하다는 점에서 패스트푸드(fast food)와 대조된다. 한국을 대표하는 음식인 김치도 발효 식품이다. 김장은 겨울 동안 먹을 김치를 한꺼번에 담그는 것으로, 한국인들의 나눔과 공동체 문화를 상징한다. 2013년 12월 5일에 아제르바이잔의 수도인 바쿠에서 개최된 유네스코 제8차 '무형유산위원회'에서 '김장 문화(Kimjang: Making and Sharing Kimchi)'를 인류 무형 문화유산으로 등재하였다.

한국인은 비빔밥이나 쌈처럼 재료를 섞어 조화를 이루는 맛을 즐긴다. 비빔밥은 밥에 다양한 색깔의 나물과 고추장 등을 섞어서 비벼 먹는 것이다. 쌈은 상추나 깻잎 같은 채소에 삼겹살, 김치, 마늘, 고추를 얹어서 싸먹는 것이다. 비빔밥이나 쌈은 재료가 섞이고 조화를 이루어 새로운 맛을 (        ), 음식을 골고루 먹게 되어 건강에도 좋다.

2013년 11월 18일에 발행된 영국 가디언지 온라인 판에는, '비빔밥'을 "최고의 건강 음식(the ultimate comfort food)"으로 소개하는 글이 실렸다.

이처럼 한국 음식은 한국을 넘어 세계인의 입맛을 사로잡고 있다.

### 어휘

특징, 발효, 식품, 정성, 인내, 김장, 기본양념, 공동체, 인류, 무형, 유산, 쌈, 상추, 깻잎, 조화, 나물, 등재하다, 비비다, 섞이다, 발행되다

## 풀어보기

1. 다음 중 (　)에 공통적으로 들어갈 수 있는 단어를 고르십시오.

   - 깻잎에 삼겹살을 (　) 먹었다.
   - 선물을 예쁜 포장지에 (　) 부쳤다.
   - 저 사람은 입이 (　) 비밀을 말하면 안 된다.

   ① 싸다　　　　　　　　② 가볍다
   ③ 얇다　　　　　　　　④ 포장하다

2. 위 글의 (　)에 들어갈 말로서 적절하지 <u>않은</u> 말을 고르십시오.

   ① 만들며　　　　　　　② 만드는 편이며
   ③ 만들 뿐만 아니라　　④ 만드는 것은 물론이고

3. 위 글의 내용과 일치하지 <u>않는</u> 것을 고르십시오.

   ① 간장, 된장, 고추장은 모두 발효 식품이다.
   ② 쌈은 고기나 밥을 채소에 싸서 함께 먹는 것이다.
   ③ 김장은 여름 동안 먹을 김치를 한꺼번에 담그는 것이다.
   ④ 비빔밥은 여러 가지 재료가 섞여 조화를 이루는 음식이다.

4. 위 글 셋째 문단의 중심 생각을 써 보십시오.

## 쓰 기

• 여러분이 좋아하거나 싫어하는 한국 음식에 대해 써 보십시오.

|   | 한국 음식 BEST 3 | 이런 맛/모양이에요. |
|---|---|---|
| 1 |   |   |
| 2 |   |   |
| 3 |   |   |

|   | 한국 음식 WORST 3 | 이런 맛/모양이에요. |
|---|---|---|
| 1 |   |   |
| 2 |   |   |
| 3 |   |   |

## 말하기

• 가장 좋아하는 음식과 싫어하는 음식에 대해 그 이유를 이야기해 보십시오.

• 이래서 좋아요

• 이래서 싫어요

### 생각해 봅시다

여러분은 커피를 좋아합니까? 주로 언제 누구와 커피를 마십니까?

### 본문 2

#### 한국인의 커피 사랑

한국에 커피가 들어온 것은 150년 정도밖에 되지 않았다. 그런데 성인 한 명이 일 년 동안 마시는 커피는 300잔이 넘고 길거리에는 커피 전문점이 줄지어 있다. 한국인의 커피 사랑이 이렇게 특별하다면 커피를 통해 한국 문화가 변화되어 온 모습을 엿볼 수 있지 않을까?

예전에는 주로 다방에서 커피를 마셨다. 다방은 지식인이나 예술가들이 모여 새로운 생각, 문화를 소통하는 자리였다. 커피 한 잔을 앞에 놓고 생각에 잠긴 시인의 모습은 그 당시 다방에서 낯설지 않은 풍경이었다.

커피가 한국인에게 널리 사랑받게 된 것은 1회용 봉지 커피와 자동판매기(자판기)의 힘이 컸다. 1회용 봉지 커피는 한국의 한 커피 회사에서 세계 최초로 만든 것인데 커피와 설탕, 크림을 섞었기 때문에 믹스 커피라고도 부른다. 커피 자판기는 1970년대 말에 개발되어 거리 곳곳에 세워졌다. 이 시기 한국은 전쟁으로 무너진 경제를 다시 발전시키기 위해 온 국민이 노력하던 때였다. 싸고 손쉽게 마실 수 있는 믹스 커피나 자판기 커피 한 잔으로 잠시 피로를 풀고 다시 일할 수 있는 힘을 얻었다.

그런데 2010년대 이후에는 믹서 커피나 자판기 커피보다 커피 전문점에서 만든 커피를 더 많이 마시고 있다. 때로는 밥값보다 비싼 돈을 주고 커피 전문점을 찾는 이가 늘고 있다. 이는 소비자의 입맛이 까다로워진 때문이기도 하고, 편안한 분위기에서 커피를 마시면서 이야기를 나누는 것을 좋아하기 때문이기도 하다. 그래서 가게 주인들은 가게 안을 편안하고 아름답게 꾸미고, 다양한 커피 맛을 개발하기 위해 노력하고 있다. 이처럼 한국 사람들은 시대의 흐름에 맞추어서 새로운 커피 문화를 만들어 가고 있다.

### 어 휘

성인, 전문점, 다방, 예술가, 지식인, 풍경, 판매, 봉지, 경제, 입맛, 잠기다, 줄짓다, 엿보다, 무너지다, 개발되다, 발전시키다, 손쉽다, 띄다, 까다롭다

## 풀어보기

1. 다음 중 (    )에 공통적으로 들어갈 수 있는 단어를 고르십시오.

   · 코를 (    ) 싶은데 휴지가 없다.
   · 문제를 빨리 (    ) 싶지만 너무 어렵다.
   · 사과도 받았으니 이제 그만 화를 (    ) 싶다.

   ① 내다                            ② 없애다
   ③ 풀다                            ④ 해결하다

2. 다음 문장에서 (    ) 안의 단어를 서로 바꾸어 쓸 수 <u>없는</u> 것을 고르십시오.

   ① 커피를 (판매하기/팔기) 시작했습니다.
   ② 커피와 설탕을 (섞었습니다./혼동했습니다.)
   ③ 세계 (최초로/처음으로) 1회용 봉지 커피를 만들었습니다.
   ④ 커피를 마시는 사람이 (늘수록/증가할수록) 다방은 점점 없어졌습니다.

3. 다음 중 위 글의 내용과 <u>다른</u> 것을 고르십시오.

   ① 커피가 한국에 들어온 지 150년 정도 되었다.
   ② 커피 자판기가 처음 개발된 것은 1970년대였다.
   ③ 커피 전문점 커피 값은 믹스 커피 값과 비슷하다.
   ④ 1회용 봉지 커피는 커피, 설탕, 크림을 섞은 것이다.

4. 커피 전문점을 찾는 이유를 위 글에서 찾아 써 보십시오.

## 쓰 기

• 여러분들이 좋아하는 음료수나 전통차에 대해 써 보세요. 좋아하는 음료수나 전통차가 어떤 맛인지, 왜 좋아하는지, 주로 언제 마시는지 써 보세요.

| 음료수 또는 전통차의 이름 | |
|---|---|
| 맛 | |
| 좋아하는 이유 | |
| 이럴 때 마셔요 | |

## 말하기

• 여러분들이 좋아하는 음료수나 전통차를 친구들에게 소개해 보십시오.

## 속담 한마디 5

### 금강산 구경도 먹은 후에야 한다.

{풀이}
 아무리 좋은 구경거리가 있어도 배가 불러야 경치를 감상할 수 있지, 배가 고프면 아무 일도 할 수 없다는 뜻이다. 이 속담은 '금강산도 식후경'이라고도 한다.

{활용}
 이보영: 빨리 가자. 해운대, 남포동, 범어사……, 부산에는 볼 만한 곳이 아주 많아.
 제시카: 아유, 배고파. 일단 뭘 좀 먹고 가면 안 될까?
 이보영: 그러자. 금강산 구경도 먹은 후에야 한다는데, 우리 뭐 먹을까?

{과제} 여러분의 나라에서 쓰이는 비슷한 속담을 써 보세요.

# 6과 한마음으로 즐기는 스포츠

**학습 목표**

1. 2018년 평창 동계올림픽의 유치 과정에 대해 알아본다.
2. 부산 사직 야구장의 독특한 응원 문화에 대해 이해한다.

### 생각해 봅시다

왜 각 나라마다 올림픽을 개최하려고 할까요? 올림픽을 개최하면 어떤 효과를 기대할 수 있을까요?

### 본문 1

#### 평창 동계 올림픽

평창은 다른 지역에 비해 그다지 널리 알려진 곳은 아니었다. 눈이 많이 와서 겨울 스포츠를 즐기려는 사람들이 많이 몰리는 겨울에만 지역 경제 활동이 활발해진다. 겨울 스포츠 산업 외에는 특별히 발전할 수 있는 분야도 없는 편이다. 따라서 주민들이 생각해 낸 것이 동계 올림픽 유치였다.

그러나 올림픽 유치는 생각만큼 쉽지 않았다. 두 번이나 도전했지만, 개최지 투표에서는 매번 적은 표 차이로 경쟁 후보 도시에 지고 말았다. 연이은 실패에도 평창 주민들과 유치단은 포기하지 않고, 몇 년에 걸쳐 다시 차근차근 준비를 했다.

개최지 투표를 하는 날, 특히 주목을 받은 두 사람이 있었다. 그들은 바로 한국 피겨 스케이팅의 김연아 선수와 미국 모굴 스키의 토비 도슨(한국명 김봉석) 선수였다. 이들은 평창이 선택되어야만 하는 내용과 희망적이고 감동적인 내용의 프레젠테이션으로 참석한 위원들로부터 뜨거운 지지를 받았다.

"PYEONGCHANG 2018"

자크 로게 국제올림픽위원회 위원장이 제23회 동계 올림픽 개최지를 발표하는 순간, 유치단과 평창 주민들은 동시에 환호성을 질렀다.

그들이 올림픽 개최를 간절히 원했던 이유는 크게 세 가지로 볼 수 있다. 특정 종목에 치우치지 않고 겨울 스포츠를 즐기는 인구가 확대되고, 평창이 국내외의 다른 도시처럼 발전하여 경제활동이 활발해지며, 나아가 올림픽을 개최한 세계적인 도시로 위상이 높아지는 것이다.

평창 주민들과 각국의 선수들은 '포기하지 않고 노력하면 꿈은 이루어진다.'라는 말을 떠올리며, 평창 동계 올림픽을 개최하는 데에 힘을 모았다.

### 어휘

유치, 개최지, 차근차근, 주목, 위원장, 동시, 환호성, 종목, 인구, 위상, 그다지, 활발하다, 몰리다, 연잇다, 지르다, 간절하다, 치우치다

## 풀어보기

1. 다음 중 단어의 의미 관계가 나머지와 <u>다른</u> 것을 고르십시오.

   ① 지지하다 – 반대하다　　② 힘쓰다 – 노력하다
   ③ 간절하다 – 절실하다　　④ 치우치다 – 기울다

2. 다음의 (　　)에 공통적으로 들어갈 수 있는 단어를 고르십시오.

   > · 김 과장은 이 일에 책임을 (　　).
   > · 해가 서산으로 (　　) 금방 어두워진다.
   > · 등에 무거운 짐을 (　　) 무척 힘들 것이다.

   ① 느끼다　　　　　　② 메다
   ③ 넘어가다　　　　　④ 지다

3. 위 글의 내용과 일치하는 것을 고르십시오.

   ① 평창은 다른 도시처럼 발전한 곳이다.
   ② 한국은 이미 동계 올림픽을 치른 적이 있다.
   ③ 한국은 세 번의 도전 끝에 유치를 하게 되었다.
   ④ 두 선수의 프레젠테이션은 그다지 도움이 되지 못했다.

4. 동계 올림픽 유치단과 평창 주민들은 왜 평창에서 올림픽이 개최되기를 원하는지 위 글에서 찾아서 쓰십시오.

   _____

   _____

   _____

## 쓰 기

• 올림픽에서 가장 기억에 남는 장면을 떠올리며 써 봅시다.

|  | 내 용 |
|---|---|
| 언제? |  |
| 누가? |  |
| 어떤 장면? |  |

## 말하기

• 위에 쓴 내용을 바탕으로 해서, 왜 그 장면이 기억에 남는지 친구들과 이야기해 봅시다.

### 생각해 봅시다

여러분은 좋아하는 스포츠 팀을 응원해 본 적이 있습니까? 지금까지 본 응원 중에 재미있었던 응원에 대해 말해 봅시다.

### 본문 2

#### 재미있는 응원 문화의 중심지, 부산 사직 야구장

한국 프로 야구에는 특정한 지역에 특정한 팀을 두는 지역 연고지 제도가 있다. 부산에 연고지를 둔 팀은 '롯데 자이언츠(LOTTE GIANTS)'로, 사직 야구장을 홈 구장으로 사용한다. 그곳은 재미있고 독특한 응원 문화가 있는 곳으로 유명하다.

롯데 팀의 경기가 열리는 날은 빈자리가 거의 없다. 남녀노소 모두 응원 단장이 외치는 구호와 치어리더들이 하는 율동을 따라서 하며 즐거워한다. 이 즐거운 응원에 빠질 수 없는 도구가 있는데 바로 '신문지'와, 쓰레기를 담는 '주황색 봉지'이다. '신문지 응원'은 신문지를 일정한 크기로 찢은 후에 먼지떨이 모양으로 만들어서 흔드는 것이다. 그리고 '봉다리 응원'은 주황색 봉지에 공기를 불어 넣어 묶은 후, 머리에 쓰고 응원하는 것이다. 여기에 연속적인 '파도타기 응원'까지 함께 하면 열기가 한층 더해진다.

또 그곳에는 많은 사람들이 신기해하고 놀라워하는 '합창 응원'이 있다. 팬들은 롯데 팀의 대표적 응원가인 '부산 갈매기'와 최신 유행가도 목청껏 부르고, 각 선수들에게 어울리는 노래도 만들어 부르며 선수를 격려하기도 한다. 다 함께 노래를 즐기는 곳이기에 '사직 노래방'이라는 별칭도 있다. 재미있고 신나는 노래 덕분에 한층 더 즐거워지고, 쌓인 스트레스도 풀 수 있으니 일석이조라 하겠다.

이 외에도 사직 야구장에는 볼거리와 먹을거리 그리고 즐길 거리가 다양하다. 롯데 팀의 경기가 있는 날, 일은 잠시 접어 두고 그곳에서 한마음으로 즐기는 것은 어떨까.

### 어 휘

프로 야구, 연고지, 제도, 남녀노소, 응원 단장, 구호, 율동, 먼지떨이, 연속적, 열기, 갈매기, 목청껏, 일석이조, 별칭, 특정하다, 독특하다, 외치다, 찢다, 불다, 묶다, 신기하다, 접다

## 풀어보기

1. 마지막 문단의 '접어 두고'를 알맞게 바꾸어 쓴 것을 고르십시오.

   ① 겹쳐 두고　　　　　　　② 미루어 두고
   ③ 펼쳐 두고　　　　　　　④ 마무리해 두고

2. 다음 중 단어의 의미 관계가 나머지와 <u>다른</u> 것을 고르십시오.

   ① 책상 위에 두다 – 놓다　　② 영화를 만들다 – 제작하다
   ③ 신발 끈을 묶다 – 풀다　　④ 모양이 독특하다 – 특이하다

3. 다음의 (　　)에 공통적으로 들어갈 수 있는 단어를 고르십시오.

   · 동생은 영어로 입학 원서를 (　　) 한다.
   · 이번에 내가 승진을 했으니 한턱을 (　　).
   · 사람들은 문서를 작성할 때 컴퓨터를 (　　).

   ① 적다　　　　　　　　　② 쓰다
   ③ 내다　　　　　　　　　④ 사용하다

4. 위 글의 내용과 일치하는 것을 고르십시오.

   ① 지역 연고지 제도는 특정한 지역과 관계가 없다.
   ② 사직 야구장 안에는 따로 노래방이 있다.
   ③ 주황색 봉지는 원래 쓰레기를 담으려고 만든 것이다.
   ④ 신문지 응원과 봉다리 응원은 다른 야구장에서도 흔히 볼 수 있다.

## 쓰 기

• 여러분 나라에는 어떤 응원 문화가 있는지 써 보십시오.

| 응원 이름 | |
|---|---|
| 필요한 도구 | |
| 만드는 방법 또는 사용 방법 | |

## 말하기

• 여러분 나라의 응원 문화와 한국의 응원 문화의 차이점에 대해 이야기해 봅시다.

## 속담 한마디 6

## 공든 탑이 무너지랴?

**{풀이}**

공을 들여서 쌓은 탑은 단단하여 쉽게 무너질 리가 없는 법이다. 즉 힘을 다하고 정성을 다하여 한 일은 그 결과가 반드시 헛되지 않다는 뜻의 속담이다. 비슷한 속담으로는 '뿌린 대로 거둔다'가 있다.

**{활용}**

코야: 제가 '한국어 능력 시험'에 합격할 수 있을지 걱정이 돼요.
미나: 너무 걱정하지 마세요. '공든 탑이 무너지랴?'라는 말이 있잖아요. 코야 씨가 지금까지 차근차근 준비를 잘 해 왔으니까 꼭 합격하실 거예요.
코야: 고마워요, 미나 씨. 저도 이번에 꼭 합격하면 좋겠어요.

**{과제}** 여러분의 나라에서 쓰이는 비슷한 속담을 써 보세요.

-------------------------------------

-------------------------------------

-------------------------------------

# 7과 인터넷은 우리 생활을 어떻게 바꾸었을까요?

**학습 목표**

1. 인터넷이 우리 생활에 어떠한 영향을 미쳤는지 알아본다.
2. 온라인 게임의 순기능과 역기능에 대하여 이해한다.

### 생각해 봅시다

여러분은 인터넷으로 주로 무엇을 합니까?

### 본문 1

#### 인터넷과 생활의 변화

현대인들에게 컴퓨터와 스마트폰은 필수품이 되었다. 컴퓨터로 정보를 검색하고, 이메일을 보내며, 쇼핑을 하기도 한다. 최근에는 스마트폰과 같은 모바일 기기를 사용하여 언제 어디에서나 인터넷을 할 수 있게 되었다.

컴퓨터가 등장하면서 많은 정보를 빠른 속도로 처리할 수 있게 되었고, 이와 더불어 컴퓨터 상호 간의 정보 교환을 위해 통신망을 개발했다. 이 통신망의 발달로 전 세계의 컴퓨터가 하나의 네트워크로 묶이게 되어 인터넷이 가능해졌다.

인터넷으로 인해 우리 생활에는 큰 변화가 일어났다. 포털 사이트에서 누구나 손쉽게 필요한 정보를 얻을 수 있고, 이메일로 편지를 쓰거나 파일을 보내기도 한다. 백화점에 가지 않고 집에서 인터넷 쇼핑을 하며, 은행에 가지 않고도 인터넷 뱅킹으로 각종 금융 거래를 할 수 있다. 또한 화상 통화로 멀리 있는 사람과 얼굴을 보며 대화를 한다.

최근에는 스마트폰이 널리 쓰이면서 시간과 장소에 상관없이 손쉽게 인터넷에 접속할 수 있다. 또한 카카오톡 같은 채팅 애플리케이션이 생겨나서 무료로 문자나 음성 메시지를 이용할 수 있게 되었고, 페이스북이나 트위터와 같은 SNS를 통해 실시간으로 수많은 사람들과 정보를 공유할 수 있게 되었다.

우리는 인터넷 덕분에 생활과 정보의 혁신 시대를 살아가고 있다. 만약 인터넷이 없다면 우리는 어떻게 살아가고 있을까?

### 어 휘

필수품, 모바일, 기기, 상호, 통신망, 포털 사이트, 파일, 인터넷 뱅킹, 각종, 금융, 거래, 혁신, 등장하다, 처리하다, 접속하다, 공유하다

## 풀어보기

1. 다음 중 단어의 의미 관계가 나머지와 <u>다른</u> 것을 고르십시오.

   ① 악기 – 피아노　　　　　② 채팅 앱 – 카카오톡

   ③ 모바일 기기 – 스마트폰　　④ 컴퓨터 – 인터넷

2. 다음의 (　　)에 공통적으로 들어갈 수 있는 단어를 고르십시오.

   · 남의 단점은 (　　) 쉬운 법이다.
   · 다음 주에 취직 시험을 (　　) 한다.
   · 기회를 (　　) 부모님께 말씀드리는 게 좋겠다.

   ① 보다　　　　　　　　　② 살피다

   ③ 치다　　　　　　　　　④ 발견하다

3. 위 글의 내용과 일치하지 <u>않는</u> 것을 고르십시오.

   ① 스마트폰을 사용하여 언제, 어디에서나 인터넷을 할 수 있다.

   ② 인터넷은 컴퓨터 상호 간을 연결하는 네트워크 체제를 말한다.

   ③ 이메일을 통해 누구나 손쉽게 필요한 정보를 얻을 수 있다.

   ④ 카카오톡이 생겨나서 무료로 문자나 음성 메시지를 이용하게 되었다.

4. 인터넷으로 인해 우리 생활이 어떻게 변화하였는지 본문을 참고하여 쓰십시오.

|  | 과거 | 현재 |
|---|---|---|
| 정보 검색 | ・도서관에 가서 직접 자료를 찾음 | ・ |
| 정보 교환 | ・직접 찾아가서 정보를 교환함 | ・ |
| 전자상거래 | ・은행에 방문하여 일을 처리함 | ・ |
|  | ・백화점에 가서 물건을 구입함 | ・ |

## 쓰 기

- 부모님이나 친구에게 안부를 묻는 메시지를 써 봅시다.

## 말하기

- 하루 동안 스마트폰을 쓸 수 없다면 무엇이 가장 불편할지 이야기해 봅시다.

### 생각해 봅시다

여러분은 온라인 게임을 해 본 적이 있나요? 자주 하는 게임에 대해 이야기해 봅시다.

### 본문 2

#### 온라인 게임의 순기능과 역기능

최근 인터넷의 발달로 많은 사람들이 온라인 게임을 즐기고 있다. PC방에서는 대부분의 사람들이 게임을 즐기고 있으며, 버스나 지하철에서도 사람들이 스마트폰으로 게임을 하는 모습을 심심찮게 볼 수 있다. 이렇게 누구나 한번쯤은 인터넷을 사용하여 온라인 게임을 한 적이 있을 것이다.

그렇다면 사람들은 왜 온라인 게임을 즐기는 것일까? 우리는 온라인 게임을 통해 다른 사람들과 소통한다. 게임을 하면서 재미를 느끼고 스트레스를 해소할 뿐만 아니라 친구를 사귀고 이야기를 나눌 수도 있다. 그리고 어떤 과제를 수행하면 '레벨 업'이나 '아이템 획득'이라는 적절한 보상을 받아 도전 의식과 성취감을 느끼게 된다. 또 타인과의 협동심과 경쟁심을 자극하는 과제가 많아 함께하는 재미가 있다.

그러나 온라인 게임의 유행과 함께 많은 문제가 생겼다. 가상 공간은 익명성이 보장되는데, 이 점을 악용하여 폭언을 하는 경우가 있다. 또한 지나치게 경쟁심을 자극하여 게임 아이템을 실제 현금으로 거래하기도 한다. 특히 게임 중독은 신체적, 심리적, 사회적으로 여러 가지 문제를 일으킨다. 하루 종일 온라인 게임에만 빠져서 수면이 부족하게 되는가 하면, 게임 때문에 우울증이나 정신적인 문제를 겪는다. 또한 게임상에서 싸운 사람을 실제로 찾아가서 폭행하는 일도 발생하였다.

이제 온라인 게임은 하나의 오락 문화로 자리 잡았다. 건전한 오락 문화를 위해서 우리는 어떤 노력을 해야 할까?

### 어휘

보상, 의식, 획득, 성취감, 협동심, 경쟁심, 익명성, 가상, 폭언, 수면, 우울증, 폭행, 오락, 심심찮다, 해소하다, 수행하다, 자극하다, 악용하다, 거래하다, 적절하다, 건전하다

## 풀어보기

1. 다음 중 단어의 의미 관계가 나머지와 <u>다른</u> 것을 고르십시오.

   ① 부족하다 – 충분하다　　　　② 건전하다 – 불건전하다
   ③ 협동하다 – 경쟁하다　　　　④ 성취하다 – 성공하다

2. 밑줄 친 단어에 사용된 의미가 나머지와 <u>다른</u> 하나를 고르십시오.

   ① 김 선생은 <u>겪을수록</u> 괜찮은 사람인 것 같아.
   ② 이별의 아픔을 <u>겪은</u> 후에 그는 더 성숙해졌다.
   ③ 지하철 개통이 늦어져서 시민들이 불편을 <u>겪게</u> 되었다.
   ④ 지난 10년 동안 우리는 사회의 모든 분야에서 큰 변화를 <u>겪었다</u>.

3. 위 글의 내용과 일치하는 것을 고르십시오.

   ① 온라인 게임은 협동심과 경쟁심을 자극하여 우리에게 스트레스를 준다.
   ② 지나친 도전 의식 때문에 온라인 게임이 사회적으로 문제가 되기도 한다.
   ③ 가상공간은 익명성이 보장되므로 누구나 타인과 소통을 할 수 있다.
   ④ 게임 중독 때문에 우울증이나 정신적인 문제를 겪기도 한다.

4. 온라인 게임의 순기능과 역기능을 본문에서 찾아 쓰십시오.

| 순기능 | 역기능 |
| --- | --- |
| • | • |
| • | • |
| • | • |
| • | • |

## 쓰 기

• 온라인 게임 때문에 일어난 사회적 문제를 인터넷 뉴스나 신문에서 찾아봅시다.

## 말하기

• 여러분은 온라인 게임을 하면서 어떤 일을 경험했습니까? 좋은 일이나 그렇지 못한 일이 있었다면 발표해 봅시다.

**속담 한마디 7**

## 십 년이면 강산도 변한다.

{풀이}
　세월이 흐르게 되면 모든 것이 다 변하게 된다는 뜻을 나타내는 속담이다.

{활용}
　헨리: 거의 10년 만에 고향에 갔었는데, 못 알아볼 정도로 많이 변했더라.
　민희: 당연하지. 십 년이면 강산도 변한다잖아.
　헨리: 옛날에는 산이었는데 지금은 그 자리에 아파트 단지가 생겼더라. 정말 내 고향인가 하는 생각도 들었어.

{과제} 여러분의 나라에서 쓰이는 비슷한 속담을 써 보세요.

---

---

---

---

| 8과 | # 국제 사회에서 한국은 어떤 역할을 하고 있을까요? |

**학습 목표**

1. 국제 사회에서 한국의 역할 변화에 대하여 알아본다.
2. 남북 분단 때문에 생긴 한반도의 특수한 상황에 대하여 이해한다.

### 생각해 봅시다

유니세프를 아십니까? 여러분은 누군가를 후원하는 활동을 한 적이 있습니까?

### 본문 1

#### 유니세프 한국 위원회

전 세계 18세 미만 아동의 절반 정도가 가난과 질병, 배고픔에 시달리고 있다고 한다. 먹을 것이 없어서 굶어 죽어 가고 있는 아이들의 모습은 삶의 고통이 얼마나 깊은지 보여 준다. 이들에게는 누군가의 도움이 간절히 필요하다.

'유니세프(UNICEF)'라고도 불리는 유엔아동기금(United Nations Children's Fund)은 바로 이런 아이들을 돕기 위한 국제단체이다. 1950년 한국 전쟁이 일어나자, 유니세프는 전쟁으로 고통 받는 어린이들을 위해 긴급 구호 활동을 시작했다. 그 당시 유니세프가 한국에 지원한 분유 약 육천삼백만 킬로그램은 천만 명의 어린이들이 1년 내내 하루 한 잔씩 마실 수 있는 엄청난 양이었다.

유니세프에 매달 후원금을 보내고 계신 한 할머니는 "60년 전에는 나도 그랬어. 전쟁이 나서 부모님 돌아가시고 먹을 것도 잠잘 곳도 없었거든. 유니세프가 준 우유를 먹고 배고픔을 이겨 냈지. 그래서 이제는 내가 매달 후원금을 보내고 있어."라고 말했다. 한국은 유니세프에서 도움을 받던 나라가 도움을 주는 나라로 발전한 첫 사례였다. 1994년 설립된 유니세프 한국 위원회에서는 다양한 봉사 활동을 하고 있다. 후원금을 모금하여 배고픈 아이들을 위해 식량을 보내고, 병든 아이들을 위해 약을 보낸다. 또 수도 시설을 만들어 맑은 물을 마실 수 있게 해 주고, 학교를 지어서 교육을 받을 수 있게 해 주고 있다.

국적, 인종, 이념, 종교 등과 상관없이 도움을 필요로 하는 사람에게 도움을 주는 것이 유니세프의 정신이다. 유니세프 정신을 실천함으로써 병과 배고픔으로 죽어 가는 아이들의 소중한 목숨을 구할 수 있다. 많은 한국인들이 이 일에 적극적으로 참여하고 있다.

### 어휘

아동, 질병, 기금, 긴급, 분유, 후원금, 사례, 위원회, 식량, 수도, 시설, 인종, 시달리다, 지원하다, 설립되다, 모금하다, 실천하다

## 풀어보기

1. 다음 중 두 문장의 의미가 비슷하지 <u>않은</u> 것을 고르십시오.

   ① 분유를 지원하였다. – 분유를 구호하였다.
   ② 배고픔에 시달리고 있다. – 배고픔에 고통 받고 있다.
   ③ 소중한 목숨을 구할 수 있다. – 귀한 목숨을 구할 수 있다.
   ④ 유니세프 한국 위원회가 설립되었다. – 유니세프 한국 위원회가 세워졌다.

2. 다음의 ( )에 공통적으로 들어갈 수 있는 단어를 고르십시오.

   · 그는 고향에 좋은 집을 ( ).
   · 두 명씩 짝을 ( ) 앉아 보세요.
   · 내 이름은 할아버지께서 ( ) 주셨다.

   ① 짓다   ② 만들다
   ③ 이루다  ④ 정하다

3. 위 글의 내용과 일치하지 <u>않는</u> 것을 고르십시오.

   ① 유니세프는 아이들을 도와주는 봉사 단체이다.
   ② 한국도 유엔아동기금의 도움을 받은 적이 있다.
   ③ 유니세프는 국적이나 인종, 종교를 차별하지 않는다.
   ④ 유니세프는 한국 전쟁 이후 계속 한국을 돕고 있다.

4. 위 글에서 유니세프 한국 위원회가 어떤 일을 하는지 찾아 써 보세요.

   _____

   _____

   _____

## 쓰 기

- 지진이 일어나 모든 것을 잃어버린 마을이 있습니다. 마을 사람들에게 가장 필요한 것은 무엇일까요? 여러분이 그들을 위해 할 수 있는 일은 무엇인지 써 보십시오.

| 마을 사람들에게 필요한 것 | 내가 할 수 있는 것 |
|---|---|
|  |  |
|  |  |
|  |  |
|  |  |

## 말하기

- 쓰기 활동한 것을 바탕으로 하여, 구체적인 구호 활동 계획을 이야기해 보십시오.

### 생각해 봅시다

한반도의 평화를 유지하려면 어떤 노력을 해야 할까요?

### 본문 2

#### 한반도의 평화를 위한 노력

한국에서 살아 본 적이 없는 외국인들은 한국이 위험한 나라라고 생각하기도 한다. 이는 북한과 전쟁이 끝난 것이 아니고 중단된 상태이기 때문이다.

분단 상황은 한국인들이 풀어야 할 숙제로 남아 있다. 북한은 경제 위기, 식량 위기에 몰려 있으면서도 핵무기를 개발하는 등 군사비를 과도하게 지출하고 폐쇄적인 정치 체제를 바꾸지 않고 있다. 또 남한도 북한에 대한 경제 지원을 중단하는 등 강경 정책을 쓰기도 했다. 이런 점이 남북한의 긴장을 강화하고 있다.

그러나 한반도의 평화를 위한 노력도 계속 이루어지고 있다. 한국은 '강경 정책'과 반대되는 '햇볕 정책'을 펴기도 했다. '햇볕 정책'이라는 말에는, 겨울 나그네의 외투를 벗게 만드는 것은 강한 바람이 아니라 따뜻한 햇볕이라는 의미가 담겨 있다. 햇볕 정책의 결과, 남북한의 지도자가 평양에서 만나 한반도의 평화를 논의한 적도 있다. 또 남북한은 경제 협력을 위해 1998년부터 북한 금강산 일대의 관광 사업을 추진하기도 했고, 2000년에는 남북한이 공동으로 개성 공단을 조성하기도 했다.

2017년 문재인 정부가 출범하면서 남북 교류가 더 활발해질 것으로 전망된다. 정치적이든 경제적이든 남북 간의 교류가 많아질수록 한반도에 평화가 정착될 가능성도 높아질 것이다. 평화를 위해서는 남북한 모두의 노력과 양보가 필요하다. 또 이웃나라들이 한반도의 평화는 곧 아시아의 평화, 세계의 평화라는 생각을 할 수 있도록 외교적 노력도 계속해야 한다.

### 어휘

핵무기, 군사비, 지출, 폐쇄적, 강경, 정책, 공단, 협력, 양보, 중단되다, 과도하다, 강화하다, 추진하다, 조성하다, 정착되다

## 풀어보기

1. 다음 중 두 문장의 의미가 <u>다른</u> 것을 고르십시오.

   ① 공원을 조성하였다.　　　　　　　　 - 공원을 만들었다.

   ② 햇볕 정책을 폈다.　　　　　　　　　- 햇볕 정책을 실시했다.

   ③ 위기에 몰렸다.　　　　　　　　　　- 위기에 집중됐다.

   ④ 생활비를 과도하게 지출하였다.　　　- 생활비를 지나치게 지출하였다.

2. 다음 중 반의 관계가 <u>아닌</u> 것을 고르십시오.

   ① 강화 - 약화　　　　　　　② 중단되다 - 계속되다

   ③ 개방 - 폐쇄　　　　　　　④ 협력하다 - 협동하다

3. 위 글의 내용과 일치하지 <u>않는</u> 것을 고르십시오.

   ① 남북한은 정치적 협력은 하고 있지만 경제적 협력은 아직 한 적이 없다.

   ② 한국이 분단국가이기 때문에 위험하다고 생각하는 외국인도 있다.

   ③ 햇볕 정책의 결과 남북한 정상 회담이 열리기도 했다.

   ④ 한반도의 평화는 주변 국가의 평화와 관련이 있다.

4. '햇볕 정책'의 의미를 위 글에서 찾아 써 보세요.

## 쓰기

- 여러분이 한국의 정치인이라면 이럴 때 어떻게 하시겠습니까? 대응 방법과 그 이유를 써 보십시오.

| 북한 | 대응 방법 | 이유 |
|---|---|---|
| 북한에서 핵무기를 개발하고 있어요. | | |
| 식량이 모자라 굶고 있는 북한 주민이 많아요. | | |

## 말하기

- 반도의 평화가 깨진다면 한국에 어떤 일이 생길까요? 또 국제 사회에는 어떤 영향을 미칠까요?

## 속담 한마디 8

### 이웃이 사촌보다 낫다.

{풀이}
　이 속담은 가까이 사는 이웃이 먼 곳에 사는 친척보다 좋다는 뜻을 나타낸다. 자주 보는 사람이 정도 많이 들고 도움을 주고받기도 쉽기 때문이다. 비슷한 말로 '가까운 남이 먼 일가보다 낫다'가 있다.

{활용}
　왕영: 내일 저희 집에서 집들이를 하는데, 음식을 어떻게 준비해야 할지 모르겠어요.
　미영: 제가 도와 드릴까요?
　왕영: 도와주시면 저야 정말 고맙지만, 미안해서 그러죠.
　미영: 뭘요. 이웃끼리 서로 돕고 살아야죠. 가까이 사는 사람이 정도 많이 들고, 도움을 주고받기도 쉽잖아요? 그래서 '이웃이 사촌보다 낫다'고도 해요.

{과제} 여러분의 나라에서 쓰이는 비슷한 속담을 써 보세요.

_____

_____

_____

# 9과 한국인들은 어디가 많이 아플까요?

**학습 목표**

1. 한국인에게 흔히 생기는 질병이 무엇인지 알아본다.
2. 건강을 지키기 위한 식생활에 대해 살펴본다.

## 생각해 봅시다

최근에 아파서 병원에 다녀온 적이 있습니까? 그 병의 증상을 이야기해 봅시다.

## 본문 1

### 한국인에게 흔히 생기는 질병

인간은 누구나 살아가는 동안에 질병으로 고통을 겪기 마련이다. 질병은 개인이 속한 사회, 문화, 자연 환경과도 밀접한 관계가 있다. 그렇다면 한국인들은 시대별로 어떤 질병으로 고통을 받아 왔을까?

1950년대에는 결핵 환자가 많았다. 그 당시 한국 사회는 전쟁 후 폐허가 되었고 먹을 것이 없어서 사람들이 충분한 영양을 섭취하지 못했다. 그래서 많은 사람들이 면역력이 크게 떨어져 결핵균에 쉽게 감염되었다. 1960년대부터 1970년대까지는 한국의 산업화가 진행되었으나 개인의 위생까지 돌볼 여유가 없었다. 이 시기에는 콜레라와 뇌염과 같은 전염병으로 피해가 많았다.

1980년대 이후 한국의 경제는 눈부시게 발전했고 도시의 인구도 많이 증가하였다. 이런 과정 속에서 식생활과 생활 방식이 서구화되었고 이로 인해 암, 당뇨, 뇌혈관 질환, 심장과 혈관 질환, 간 질환으로 사망하는 사람들이 많아졌다. 특히 한국 중년 남성의 사망률이 아주 높은 편인데, 이는 직장인들이 직장에서 받은 스트레스를 다양한 문화생활로 풀기보다는 음주, 흡연 등으로 풀기 때문이다. 그리고 한국이 산업화 과정을 거치면서 환경 오염이 심화되어 천식이나 아토피 등이 면역력이 약한 사람들에게 급속도로 퍼졌다.

인간은 질병 없이 살 수 없다. 또한 시대마다 유행하는 질병이 있기 마련이다. 하지만 의학이 발달하고 경제 수준도 높아져서 발병률을 낮출 수 있게 되었다. 심지어 앞으로는 100살까지도 살 수 있을 것이라는 말이 나오기도 한다. 인간의 수명이 길어지는 것도 중요하지만, 아프지 않고 행복하게 사는 것이 더 중요한 일이다.

## 어휘

결핵, 폐허, 영양, 면역력, 콜레라, 위생, 뇌염, 전염병, 서구화, 암, 당뇨, 뇌, 혈관, 심장, 간, 천식, 아토피, 밀접하다, 감염되다, 눈부시다, 섭취하다, 심화되다, 퍼지다, 유행하다

## 풀어보기

1. 다음 중 단어의 의미 관계가 <u>다른</u> 하나를 고르십시오.

   ① 발달 – 발전　　　② 관계 – 관련
   ③ 피해 – 가해　　　④ 질환 – 질병

2. 다음 문장 중에서 의미가 <u>다른</u> 하나를 고르십시오.

   ① 인간은 누구나 질병으로 고통 받을 리가 없다.
   ② 인간은 누구나 당연히 질병으로 고통을 받는다.
   ③ 인간은 누구나 질병 때문에 고통을 받기 마련이다.
   ④ 인간은 누구나 질병으로 고통을 받을 수밖에 없다.

3. 위 글의 내용과 일치하는 것을 고르십시오.

   ① 질병은 시대적 상황에 영향을 받지 않는다.
   ② 한국의 중년 여성의 사망률이 남성보다 높다.
   ③ 앞으로 한국 사람들의 평균 수명이 100세가 된다.
   ④ 면역 기능이 약해지면 결핵에 걸릴 확률이 높아진다.

## 말하기

최근에 세계적으로 유행한 전염병에 대해서 이야기해 봅시다.

## 쓰 기

- 한국에서 시대별로 발생했던 질병의 종류와 질병이 발생한 이유를 위 글에서 찾아 써 보십시오.

| 시기 | 질병의 종류 | 질병이 발생한 이유 |
|---|---|---|
| 1950년대 | | |
| 1960년대 ~ 1970년대 | | |
| 1980년대 이후 | | |

### 생각해 봅시다

여러분은 짠 음식을 좋아합니까, 싱거운 음식을 좋아합니까? 우리의 건강과 소금 섭취량은 어떤 관계가 있는지 생각해 봅시다.

### 본문 2

#### 고혈압을 일으키는 소금

한국인이 좋아하는 대부분의 음식에는 세계보건기구(WHO)가 정한 하루 권장량(2,000mg)을 넘거나 하루 권장량에 가까운 소금이 들어 있다.

한국의 보건복지부에서는 "나트륨 섭취량을 15% 줄이는 것이 흡연 인구를 20% 줄이는 것보다 심혈관 질환 예방에 더욱 효과적이라는 연구 결과도 있다."라고 발표한 바가 있다. 나트륨을 과다 섭취하면 그만큼 건강에 좋지 않다는 말이다.

인체의 혈액에는 나트륨이 0.9% 정도 포함되어 있다. 그 양을 유지하기 위해 하루에 2g 정도의 소금만 먹으면 충분하다. 그러나 더 이상 섭취하게 되면 나트륨이 혈관 속으로 수분을 흡수하고, 그 결과로 혈압이 높아지게 된다. 고혈압 상태가 계속되면 뇌와 같은 민감한 기관에 손상이 생길 수 있고, 심장이 일을 많이 해서 약해질 수도 있다. 그래서 심장에 문제가 생기거나 뇌출혈 등의 질환으로 사망에 이르기까지 하는 것이다.

고혈압을 예방하기 위해서는 규칙적인 운동도 필요하겠지만, 소금의 섭취량을 조절하는 것이 가장 중요하다. 특히, 한국인이 가장 즐겨 먹는 김치류나 된장류에는 나트륨이 많이 포함되어 있기 때문에 생야채를 함께 먹는 등의 방법으로 나트륨의 수치를 낮춰야 할 것이다.

일상생활에서 맛보다 건강을 생각하여 소금의 섭취량을 조절하는 것이 필요하다.

### 어 휘

권장량, 나트륨, 섭취량, 혈압, 고혈압, 기관, 손상, 뇌출혈, 규칙적, 수치, 발표하다, 충분하다, 흡수하다, 민감하다, 조절하다, 포함되다, 낮추다

## 풀어보기

1. 다음 중 ( )에 공통적으로 들어갈 수 있는 단어를 고르십시오.

   · 우리는 12시에 부산역에 ( ).
   · 그는 열다섯에 이미 키가 180㎝에 ( ).
   · 영희는 선생님께 철수가 유리창을 깼다고 ( ).

   ① 이르다                  ② 도착하다
   ③ 말하다                  ④ 도달하다

2. 밑줄 친 부분과 바꾸어 쓸 수 있는 것을 고르십시오.

   혈관의 긴장 상태가 <u>계속되면</u> 혈관에 무리가 생길 수 있다.

   ① 터지면                  ② 시작되면
   ③ 지속되면                ④ 충분하면

3. 위 글의 내용과 일치하는 것을 고르십시오.

   ① 한국은 세계보건기구 나트륨 권장량을 잘 지킨다.
   ② 혈관 내에 수분이 증가하는 것은 나트륨과 관계가 없다.
   ③ 나트륨을 과도하게 섭취하는 것은 흡연하는 것보다 더 해롭다.
   ④ 생야채에 있는 나트륨이 일반 음식에 들어 있는 나트륨보다 좋다.

4. 위 글의 주제를 써 보십시오.

## 쓰기

• 여러분 나라의 음식 중에서 소금이 많이 들어가는 음식에 대해 써 보십시오.

## 말하기

• 여러분 나라에서 건강을 지키기 위해 먹는 음식에 대해 소개해 봅시다.

## 속담 한마디 9

### 아니 땐 굴뚝에 연기 날까?

{풀이}
　모든 일에는 그 원인이 있음을 나타내는 속담으로, 주로 어떤 소문이 났을 때에는 그럴 만한 이유가 있다는 뜻으로 쓰인다. 비슷한 속담으로 '뿌리 없는 나무에 꽃이 필까?'가 있다.

{활용}
　제인: 너 들었니? 나영이랑 제임스랑 사귄대.
　민수: 정말? 제임스는 만나고 있는 사람이 있는 것 같던데?
　제인: 그래도 아니 땐 굴뚝에 연기 나겠어?
　민수: 그러면 우리 내일 제임스를 만나서 직접 물어보자.

{과제} 여러분의 나라에서 쓰이는 비슷한 속담을 써 보세요.

_____

_____

_____

_____

# 10과 어떤 일을 하고 싶습니까?

**학습 목표**

1. 한국 청년들은 직업을 구하기 위해 어떤 준비를 하는지 알아본다.
2. 새로 생긴 직업에는 어떤 것들이 있는지 살펴본다.

### 생각해 봅시다

여러분은 앞으로 어떤 직장에 다니고 싶습니까? 그 직장에 취업하기 위해서 어떤 준비를 해야 할까요?

### 본문 1

## 청년 실업과 취업난

요즘 한국의 경제 상황이 어려워지면서 직장을 구하는 것이 쉽지 않다고 한다. 특히 청년층의 실업률이 점점 증가하고 취업이 갈수록 힘들어지고 있다.

대학생의 경우, 예전에는 대학 생활의 낭만을 충분히 즐기다가 취업을 준비해도 큰 문제가 없었다. 그렇지만 최근에는 대학에 입학하면서 취업을 준비하는 학생들이 많아졌다. 따라서 대학에서는 취업에 유리한 학과나 전공에 학생들이 몰리고, 취업과 관련된 과목이나 프로그램들이 많이 생겨나게 되었다.

이러한 상황에서 대학생들은 기업에 취업하기 위해 여러 가지로 노력하고 있다. 이 가운데에서 토익(TOEIC) 등의 영어 관련 자격증을 준비하는 것이 가장 비중이 높다. 그리고 자신이 취업하고자 하는 분야와 관련된 자격증을 취득하거나 인턴십(internship) 제도에 참여하는 등 많은 노력을 하고 있다. 그 이유는 한국 기업에서 영어 능력과 실무 능력을 중요시하기 때문이다.

그리고 공무원이 되기 위해 시험을 준비하는 학생들의 비중도 크게 높아졌다. 그 이유는 응시 가능한 연령 제한이 없고, 오랫동안 안정적으로 일할 수 있다는 장점 때문이다.

지금은 취업난이 해소될 전망이 그리 밝지 못한 상황이다. 경제 상황이 어려워질 뿐만 아니라 일자리가 한정되어 있고 일을 하려는 사람은 점점 많아지기 때문이다. 하지만 앞으로 취업의 문이 활짝 열릴 그날이 오기를 기대해 본다.

### 어 휘

청년층, 실업률, 낭만, 토익(TOEIC), 인턴십(internship), 실무, 공무원, 비중, 응시, 연령, 제한, 취업난, 안정적, 활짝, 중요시하다, 한정되다

## 풀어보기

1. 다음 중 단어의 의미 관계가 나머지와 다른 하나를 고르십시오.

   ① 가능 – 불가능 　　　② 소비 – 과소비
   ③ 능력 – 무능력 　　　④ 취업 – 미취업

2. 다음의 ①~③의 밑줄 친 부분과 서로 의미가 통하는 단어를 〈보기〉에서 골라서 써 넣으십시오.

   〈보기〉 ㉠ 신설되다　㉡ 많아지다　㉢ 취업하다

   ① 졸업하고 직장에 들어가다　　　　　　　(　　)
   ② 프로그램이 새롭게 생겨나다　　　　　　(　　)
   ③ 공무원 시험을 준비하는 학생의 비중이 높아지다　(　　)

3. 위 글의 내용과 일치하지 않는 것을 고르십시오.

   ① 경제 상황은 취업률에 영향을 미친다.
   ② 요즘 대학들은 학생들의 취업을 위해 노력을 하고 있다.
   ③ 기업에서는 실무와 관련된 자격증과 경험을 중요하게 생각한다.
   ④ 공무원 시험을 준비하는 학생들의 수는 변함없이 많다.

4. 한국 청년들이 기업에 취업하기 위해 어떤 노력을 하는지 위 글에서 찾아 쓰십시오.

## 쓰 기

• 여러분이 취업하고 싶은 기업에 대해 조사해서 써 봅시다.

|  |  |
|---|---|
|  |  |
|  |  |

## 말하기

• 여러분 나라에서 가장 인기 있는 회사는 어떤 회사입니까? 그 이유를 친구들과 이야기해 봅시다.

### 생각해 봅시다

여러분 나라에서 가장 인기 있는 직업은 무엇입니까? 그 이유는 무엇입니까?

### 본문 2

**다양한 직업의 세계**

이 세상에는 수많은 직업이 있고, 새로운 직업이 계속 등장하고 있다. 한국 고용정보원(www.keis.or.kr)에 따르면 최근에는 SNS, 환경, 문화 등의 분야와 관련된 직업이 인기를 끌고 있다고 한다.

SNS 시대가 되면서 '소셜 큐레이터(social curator)'라는 직업이 생겼다. 큐레이터는 원래 미술관이나 박물관에서 작품의 수집과 보존, 홍보를 위해 일을 하는 사람이다. SNS 이용자들은 수많은 정보 중 자신이 원하는 정보를 모으는데, 소셜 큐레이터는 그것을 다시 사람들이 편하고 쉽게 이용할 수 있도록 해 주는 일을 한다.

환경과 관련된 새로운 직업으로는 '에코(eco) 제품 디자이너'가 있다. 이들이 하는 일은 버려진 물건으로 새로운 제품을 만드는 것이다. 또한 친환경적인 제품을 디자인하기도 한다.

문화에 대한 관심이 높아지면서 '문화 PD'라는 직업도 나타났다. 이들은 한국 문화 콘텐츠(contents)를 영상으로 제작하여 전파하는 1인 문화 전달자로서, 지역의 문화, 역사, 관광, 예술, 축제 등을 소재로 홍보 영상을 만드는 일을 한다.

시대가 바뀌면서 예전에는 상상하지도 못했던 여러 종류의 직업이 탄생하였다. 지금 어떤 직업들이 인기가 있는지, 앞으로는 또 어떤 직업이 새로 생겨날지 생각해 보자. 이런 상황에서 우리에게 어떤 직업이 적성에 맞고 능력에 맞는지 고민해 볼 필요가 있다.

### 어휘

고용, 정보원, 소셜 큐레이터, 수집, 보존, 홍보, 에코, 제품, PD, 콘텐츠, 전달자, 소재, 적성, 친환경적, 관련되다, 전파하다, 탄생하다

## 풀어보기

1. 위 글을 읽고 아래의 ①~③에 관련되는 직업을 〈보기〉에서 찾아서 쓰십시오.

   〈보기〉 ㉠ 소셜 큐레이터  ㉡ 에코 제품 디자이너  ㉢ 문화 PD

   ① 경복궁을 소재로 한 홍보 동영상을 만든다.    -----[      ]

   ② 온라인 곳곳에 흩어져 있는 좋은 정보들을 쉽게 발견하고 쓸 수 있게 한다.
                                              -----[      ]

   ③ 낡은 양말로 인형을 만든다.                 -----[      ]

2. 다음 중 (   )에 들어갈 수 있는 단어끼리 연결된 것을 고르십시오.

   · 새로운 직업이 인기를 (    ) 있다.
   · 소셜 큐레이터는 SNS 이용자가 다른 사람들을 위해 정보를 (    ) 준다.
   · 문화 PD는 문화 콘텐츠를 영상으로 (    ) 전파하는 1인 문화 전달자이다.

   ① 얻고      - 정해 - 전달하여
   ② 몰고      - 수집해   - 모아서
   ③ 수집하고   - 모아 - 바꾸어
   ④ 모으고    - 제공해   - 만들어

3. 〈보기〉의 밑줄 친 부분과 같은 방법으로 만들어진 단어가 아닌 것을 고르십시오.

   〈보기〉 이 세상에는 <u>수많은</u> 직업이 있다.: 수가 많다.

   ① 별이 아름답게 <u>빛나는</u> 밤이다.
   ② 이 때문은 그릇을 <u>깨끗이</u> 닦아 놓아라.
   ③ 우리 나이에는 공부에 <u>힘쓰는</u> 것이 당연하다.
   ④ 사람들은 새해 아침에 <u>해돋는</u> 모습을 보러 정동진에 많이 간다.

4. 위 글의 내용과 일치하는 것을 고르십시오.

① 개인의 적성과 능력은 취업을 할 때 그리 중요하지 않다.

② 직업이 새로 생겨나는 것은 취업할 사람들이 많아지기 때문이다.

③ 에코 제품은 환경이 파괴되거나 오염되지 않을 수 있도록 만든 물건이다.

④ 소셜 큐레이터는 미술관이나 박물관에 있는 작품의 정보를 쉽게 해설해 준다.

## 쓰 기

• 여러분 나라에서 최근에 새로 생긴 직업을 조사하여 아래의 표에 써 보십시오.

| 직업의 이름 | |
|---|---|
| 하는 일 | |
| 그 직업에 필요한 조건 | |

## 말하기

• 여러분은 어떤 일(직업)을 하고 싶습니까? 함께 이야기해 봅시다.

## 속담 한마디 10

### 새도 가지를 가려서 앉는다.

{풀이}
　이 속담은 친구를 사귀거나 직업을 선택할 때 잘 생각해서 판단해야 한다는 뜻을 나타낸다.

{활용}
　영수: 요즘은 무역 회사에서 신입 사원을 거의 모집하지 않네요. 이젠 전공과 관계가 없는 데라도 빨리 취직을 해야 할 것 같아요.
　왕영: '새도 가지를 가려서 앉는다'는 말이 있잖아요. 영수 씨가 정말 원하는 곳에 가는 게 좋지 않을까요?
　영수: 그래도 곧 졸업이라서 마음이 좀 급해지네요.
　왕영: 마음의 여유를 가지고 기다리다 보면 기회가 오겠죠.

{과제} 여러분의 나라에서 쓰이는 비슷한 속담을 써 보세요.

---

---

---

## 11과 한국 사람들의 생활 방식이 변하고 있다!

**학습 목표**

1. 반려동물을 대하는 자세에 대하여 알아본다.
2. 한국의 개인적인 생활 문화에 대해 살펴본다.

### 생각해 봅시다

여러분은 애완동물을 키워 본 적이 있습니까? 애완동물을 키울 때 어떤 점이 어려웠습니까?

### 본문 1

최근에 가정에서 기르는 애완동물로 인해 여러 가지 사건이 발생하면서 '펫티켓'이라는 신조어가 생겨났다. '펫티켓'은 애완동물을 뜻하는 '펫(pet)'과, 예절을 뜻하는 '에티켓(etiquette)'이 합쳐진 말이다.

예전에 한국에서는 개나 고양이 등의 동물은 집에서 기르는 가축이나 애완동물로 생각했다. 그러나 가족의 개념이 달라지면서, 집 안에서 기르는 동물들을 애완동물 대신에 '반려동물'로 부르고 있다. 애완동물을 단지 동물이 아닌 가족의 한 구성원으로 인정해야 한다는 생각이 보편화되었기 때문이다. 이러한 생각의 변화는 애견 유치원, 애견 호텔, 애견 카페, 애견 미용실, 애견 장례식장 등의 시설이 생겨난 데에서도 엿볼 수 있다.

한편, 2016년 농림축산식품부의 조사에 따르면, 현재 반려동물과 함께 사는 인구가 천만 명을 넘어섰다고 한다. 그런데 반려동물과 함께 사는 사람들의 생각 수준은 그에 미치지 못하고 있어서 여러 문제가 발생한다.

주로 공원이나 엘리베이터 등과 같은 공공장소에서 반려동물과 관련된 사건들이 문제가 된다. 예를 들면, 주인이 개와 함께 외출할 때에 목줄이나 입마개 등을 준비하지 않는 경우가 있다. 그래서 다른 사람이 놀라거나 두려움을 느끼기도 하고, 심지어 물리기도 한다. 또한 배변 봉투를 챙기지 않는 경우도 있다. 개의 배설물을 주인이 치우지 않고 그대로 두어서 사람들의 눈살을 찌푸리게 한다.

전문가들은 반려동물의 주인들이 펫티켓에 대한 이해가 부족해서 이러한 일이 일어난다고 주장한다. 즉, 반려동물과 관련된 사고는 동물이 아니라 사람 때문에 발생한다는 것이다. 그러므로 펫티켓은 반려동물이 지켜야 할 예절이 아니라, 반려동물의 주인인 '사람'이 지켜야 할 예절임을 잊지 말아야 한다.

### 어휘

가축, 개념, 구성원, 인정하다, 보편화, 수준, 목줄, 입마개, 두려움, 배변, 배설물, 눈살, 단지, 전문가, 한편, 심지어, 합쳐지다, 엿보다, 넘어서다, 미치다, 물리다, 찌푸리다

## 풀어보기

1. 위 글에서 밑줄 친 '물리기도'의 '-리-'와 의미가 다른 것을 고르십시오.

   ① 멀리서 음악 소리가 들린다.
   ② 바람 때문에 창문이 활짝 열렸다.
   ③ 민수는 사람들에게 밀려서 넘어졌다.
   ④ 나는 시험에 합격했다고 부모님께 알려 드렸다.

2. 다음 신문 기사의 제목에 해당하는 내용으로 적절한 것을 고르십시오.

   공공장소 흡연, 시민들의 눈살 찌푸리게 해

   ① 시민들이 담배 연기 때문에 눈이 아파서 불평하고 있다.
   ② 담배를 피우는 사람들로 인해 시민들의 건강이 나빠지고 있다.
   ③ 사람들이 공공장소에서 담배를 피우는 사람들을 못마땅해 하고 있다.
   ④ 공공장소 같은 금연 구역이 늘어나 흡연자들이 눈살을 찌푸리고 있다.

3. 위 글의 내용과 일치하지 않는 것을 고르십시오.

   ① 반려동물을 위한 펫 산업이 다양하게 발전하고 있다.
   ② 요즘은 반려동물을 가족 구성원으로 생각하는 것이 일반적이다.
   ③ 사람들은 공공장소에서 목줄을 매지 않은 반려동물 때문에 놀란다.
   ④ 펫티켓이란 개나 고양이가 지켜야 하는 예절을 말한다.

## 쓰 기

• 다음 주장에 대해 찬성합니까, 반대합니까? 그 이유를 써 보십시오.

(가) 몸무게가 15kg 이상인 반려견은 입마개를 의무화해야 한다.

| 찬성 또는 반대 | |
|---|---|
| 이유 | |

(나) 개의 목줄은 모두 2m 이내로 제한해야 한다.

| | |
|---|---|
| 이유 | |

## 말하기

• 반려동물과 아기를 함께 키우는 상황에 대해서 어떻게 생각합니까? 그 이유를 이야기해 봅시다.

### 생각해 봅시다

여러분은 홀로 식사를 하거나 여행을 하는 사람에 대해 어떻게 생각합니까?

### 본문 2

#### 욜로(YOLO, You Only Live Once)

흔히 인간은 '사회적 동물'이라고 한다. 즉, 인간은 가족을 비롯한 다른 사람들과 '관계'를 ㉠ 맺으면서 살아간다는 것이다. 하지만 요즘에는 '관계'에 대한 생각이 이전과 많이 달라진 듯하다.

통계청의 2016년 인구 주택 총 조사 결과에 따르면, 총 19,368만 가구 중 1인 가구는 5,398만 가구로 전체의 27.9%에 달한다고 한다. 그리고 2025년에는 31.9%에 달할 것이라고 전망했다. 이처럼 한국에서는 1인 가구가 증가하면서 그에 따라 생활의 방식도 함께 바뀌어 가고 있다.

혼자 사는 사람이 늘어나면서, 2016년에는 새로 만들어진 말 가운데 '나홀로족'이 사람들에게 공감을 가장 많이 받은 단어로 나타났다. 이후 '혼밥(혼자 밥 먹기)', '혼술(혼자 술 마시기)', '혼놀(혼자 놀기)', '혼영(혼자 영화 보기)', '혼여(혼자 여행하기)' 등과 같은 단어도 생겨났다.

최근 ㉡ 서점가에서도 혼자서 현재를 즐기며 자유롭게 살아가는 삶에 필요한 지침서가 많이 팔린다고 한다. 2017년 하반기에 이러한 책을 구매한 사람들을 보면, 남성보다 여성의 비율이 더 높은 것으로 나타났다. 그리고 연령별로는 20대와 30대가 가장 많았으며, 40대가 그 뒤를 이었다.

이러한 현상은 가족, 결혼, 직장 생활, 여가 생활 등에 대한 가치관의 변화로 인해 나타나는 것으로 보인다. 예를 들어 자기 소유의 집이 아니지만, 지금 살고 있는 집을 자신의 취향대로 꾸미는 것, 미래를 위한 저축보다는 현재 가고 싶은 곳을 여행하기 위해 돈을 쓰는 것 등이 있다.

'욜로(YOLO, You Only Live Once)', 한 번뿐인 인생에서 현재를 즐기며 오늘에 충실하게 살아가는 것! 현재를 즐기는 삶과 미래를 위해 준비하는 삶, 과연 어느 것이 더 의미 있는 삶일까?

### 어휘

관계, 가구, 나홀로족, 혼밥, 혼술, 혼놀, 혼영, 혼여, 서점가, 지침서, 연령, 여가, 가치관, 소유, 취향, 저축, (관계를) 맺다, 달하다, 구매하다, 꾸미다, 충실하다

## 풀어보기

1. 위 글의 내용과 일치하지 <u>않는</u> 것을 고르십시오.

   ① 현재 한국에서는 1인 가구의 증가로 인해 생활 방식도 함께 바뀌고 있다.
   ② 최근 혼자 무엇인가를 한다는 의미의 신조어가 많이 생겨났다.
   ③ '욜로'와 관련된 지침서는 남성이 구매한 비율이 더 높았다.
   ④ 인간관계에 대한 생각의 변화가, 삶에 대한 생각을 변화시키고 있다.

2. ㉠의 '맺다'와 그 의미가 가장 가까운 것을 고르십시오.

   ① 수지의 눈에는 눈물이 <u>맺혔다</u>.
   ② 이 나무에 <u>맺힌</u> 열매가 맛있어 보인다.
   ③ 우리 회사는 이번에 다른 거래처와 관계를 <u>맺었다</u>.
   ④ 그 연극은 주인공의 죽음으로 끝을 <u>맺었다</u>.

3. ㉡의 '서점가'에 사용된 '-가'의 의미와 <u>다른</u> 것을 고르십시오.

   ① 요즘 금을 <u>현금가</u>로 사 주는 곳이 많다고 한다.
   ② 여기는 <u>주택가</u>라서 사람들이 살기에 조용하고 좋다.
   ③ 이 건물 지하에는 세계 음식을 파는 <u>식당가</u>가 있다.
   ④ 부산국제영화제 때문에 <u>극장가</u>에 사람들이 많이 몰렸다.

## 쓰기

• '욜로'에 대한 여러분의 생각을 써 봅시다.

(가) 저는 '욜로'에 대해 이렇게 생각해요.

_____

_____

(나) 저는 이렇게 살고 싶어요.

_____

_____

## 말하기

• 아래의 조건에 해당하는 한국 사람들은 어떻게 살아가고 있을까요? 여러분 나라의 경우와 비교해 봅시다.

| 이름 | 성별 | 나이 | 결혼 여부 | 사는 곳 | 고향 | 직업 | 취미 |
|---|---|---|---|---|---|---|---|
| 김지수 | 여 | 32세 | 미혼 | 서울의 원룸 | 제주도 | 회사원 | 여행 |
|  |  |  |  |  |  |  |  |

_____

_____

_____

## 속담 한마디 11

### 자식을 길러 봐야 부모 사랑을 안다.

**{풀이}**

이 속담은 ① '부모의 사랑은 자식이 그 끝을 다 알 수 없을 만큼 깊고 두텁다'는 뜻과, ② '무슨 일이든 직접 경험하지 않고서는 속까지 다 알기 어렵다'는 뜻으로 쓰이는 속담이다. 특히 두 번째 뜻은 '처지를 바꾸어서 생각하여 봄'이라는 뜻의 '역지사지(易地思之)'라는 말로 많이 쓰인다.

**{활용}**

효민: 며칠 전 공원에서 어린아이가 목줄이 풀린 개에게 물려서 다쳤다는 뉴스 봤어요?
디안: 네, 저도 봤어요. 그런데 개 주인은 자기 잘못이 없다고 주장하더라고요.
효민: 주인을 무는 개가 어디 있겠어요? '자식을 길러 봐야 부모 사랑을 안다'고 하는 말이 괜히 있겠어요? 그 사람의 아이가 똑같은 사고를 당했어도 같은 말을 했을까 싶어요.
왕영: 마음의 여유를 가지고 기다리다 보면 기회가 오겠죠.

**{과제}** 여러분의 나라에서 쓰이는 비슷한 속담을 써 보세요.

........................................................................

........................................................................

| 12과 | 오늘의 뉴스를 말씀드리겠습니다 |

**학습 목표**

1. 교통사고에 대한 뉴스 보도문의 내용을 이해한다.
2. 피싱 범죄에 대한 신문 기사를 읽고 이해한다.

### 생각해 봅시다

최근에 뉴스나 신문 등에서 본 사건이나 사고에 대해 이야기해 봅시다.

### 본문 1

#### 안전 불감증이 부른 교통사고

앵 커: 요즘 스마트폰을 사용하면서 길을 걷는 사람이 많지요? 오늘 오전 스마트폰을 보면서 길을 걷던 한 청소년이 트럭에 치이는 사고가 발생했습니다. 스마트폰의 무분별한 사용이 빚은 참사입니다. 이 소식, 박기범 기자가 전하겠습니다.

기 자: 부산의 한 중학교 근처 등하굣길입니다. 길 한가운데에 교통사고의 흔적이 선명합니다. 오늘 오전 8시 20분경 16살 박 모 군이 트럭에 치여 숨졌습니다. 박 군은 등굣길에 이 같은 사고를 당해 병원으로 옮겨졌으나 결국 목숨을 잃고 말았습니다. 이곳은 평소에 차도와 인도가 따로 구분이 안 되어 있는 길인데다가 근처에 학교가 많아서 학생들이 많이 오고 갑니다. 경찰이 블랙박스 영상을 판독한 결과, 박 군이 스마트폰을 사용하느라 마주오던 차를 미처 보지 못한 것으로 확인되었습니다.

목격자: 앞에서 차가 오는데 안 피하더라고요. 학생이 휴대폰에 정신이 팔려서…….

기 자: 지난달에도 같은 장소에서 이어폰을 꽂은 채 길을 가던 학생이 차에 치여 사망한 일이 있었습니다. 길을 걸을 때 이어폰을 꽂고 음악을 듣거나 스마트폰을 보면 주의력이 분산되고 위험을 예측하는 능력이 떨어지기 마련입니다. 그래서 자칫하면 이와 같은 큰 사고로 이어질 수 있는 것입니다. 이러한 사고를 예방하기 위해서는 운전 중이나 보행 중에 이어폰과 스마트폰을 사용하는 것을 자제해야 합니다. 때와 장소를 가리지 않는 스마트폰 사용, 이제는 정부가 적극적인 대책을 세워야 할 때입니다. KBC 뉴스 박기범입니다.

### 어휘

불감증, 참사, 흔적, 인도, 블랙박스(black box), 목격자, 주의력, 예측, 대책, 미처, 자칫하면, -경, 빚다, 숨지다, 선명하다, 판독하다, 팔리다, 사망하다, 자제하다

## 풀어보기

1. 다음의 (    )에 공통적으로 들어갈 수 있는 단어를 고르십시오.

   · 그 남자는 젊고 날씬한 여자에게 눈이 (    ).
   · 언론에 얼굴이 (    ) 시작하면서 그는 유명해졌다.
   · 요즘에는 물건이 잘 (    ) 않아서 걱정이다.

   ① 집중되다　　　　　　② 알려지다
   ③ 팔리다　　　　　　　④ 나가다

2. 뉴스 보도의 상황에서 (    )에 들어갈 말로 적절하지 <u>않은</u> 것을 고르십시오.

   앵커: 오늘 공장에서 발생한 화재 사건으로 이 모 씨가 (    ).

   ① 돌아가셨습니다　　　② 숨졌습니다
   ③ 사망하였습니다　　　④ 목숨을 잃었습니다

3. 위 글의 내용과 일치하지 <u>않는</u> 것을 고르십시오.

   ① 오늘 오전 한 남학생이 학교에 가는 길에 교통사고를 당했다.
   ② 교통사고가 난 지점의 흔적을 통해 사고의 원인을 알아낼 수 있었다.
   ③ 지난달에도 부산에서 이어폰을 꽂은 채 길을 걷던 학생이 교통사고로 숨졌다.
   ④ 보행 중에 스마트폰을 보면 위험을 예측하기 어려워져 사고로 이어질 수 있다.

4. 본문을 읽고 다음 사항을 쓰십시오.

| 누가, 언제, 어디에서, 무엇을, 어떻게, 왜(육하원칙) | |
|---|---|
| 사고 경위 | |
| 예방 방법 | |

## 쓰 기

- 여러분 나라에서 최근에 이슈(issue)가 된 뉴스를 찾아서 요약해 봅시다.

## 말하기

- 여러분은 교통사고를 목격한 적이 있습니까? 육하원칙에 따라 이야기해 봅시다.

### 생각해 봅시다

남에게 속아서 피해를 입은 경험을 이야기해 봅시다.

### 본문 2

#### 신종 사기 수법, 파밍과 스미싱

피싱 범죄가 급증하고 있다. '피싱(phishing)'은 개인 정보(private data)와 낚시(fishing)의 합성어로, 타인의 개인 정보를 빼내어 금융 사기에 이용하는 사기 수법을 뜻한다. 초기의 피싱 범죄는 전화를 이용한 '보이스 피싱'의 형태로 나타났다. 그러나 최근에는 피싱 범죄가 빠르게 진화하고 있다. 가짜 홈페이지에 개인 정보를 입력하도록 유도하는 '파밍(pharming)'과, 휴대폰에 메시지를 보내 악성 코드를 설치한 후 소액 결제 피해를 입히는 '스미싱(smishing)' 등 사기 수법이 날로 교묘해지고 있다.

지난달 서울에 사는 김 모 씨(30)는 인터넷 뱅킹을 하려고 평소에 이용하던 은행 사이트에 들어갔다. 그러나 김 씨가 접속한 홈페이지는 피싱 사이트였다. 이와 같은 사실을 알지 못한 김 씨는 보안 등급을 강화하라는 홈페이지의 공지에 따라 계좌 번호, 비밀번호, 보안 카드에 있는 코드표의 숫자를 입력했다. 보안 강화 작업과 인터넷 뱅킹을 끝내자 모든 작업이 정상적으로 처리됐다는 팝업창이 떴다. 며칠 후 김 씨는 자신도 모르는 사이에 통장의 잔고가 바닥났다는 것을 알았다.

지난주에는 부산에 사는 이 모 씨(25)가 문자 메시지 한 통을 받았다. 그 문자에는 무료 쿠폰을 받아 가라는 내용과 함께 어떤 사이트의 주소가 함께 링크되어 있었다. 이 씨는 아무 의심도 하지 않은 채 링크된 주소를 클릭했다. 다음 달 이 씨는 휴대폰 소액 결제로 돈이 빠져나간 사실을 확인했다.

'눈을 떠도 코 베어 간다.'는 말이 있다. '뻔한 속임수에 바보같이 왜 속는 거지?'라고 생각하면서 자신도 모르게 피해를 입는 것이 바로 피싱 범죄이다. 이러한 피해를 방지하기 위해서, 금융감독원에서는 국민들에게 각종 피싱 사기를 당하지 않게 주의해 줄 것을 당부했다.

### 어휘

신종, 사기, 범죄, 수법, 악성 코드, 소액, 결제, 보안, 공지, 입력, 팝업창, 잔고, 속임수, 링크(link), 진화하다, 교묘하다, 바닥나다, 뻔하다, 당부하다

## 풀어보기

1. 다음의 ( )에 공통적으로 들어갈 수 있는 단어를 고르십시오.

   · 국민들은 수해를 ( ) 지역의 복구를 위해 성금을 걷었다.
   · 그는 폭행 사건에 휘말려 전치 4주의 상처를 ( ).
   · 우리는 자연의 혜택을 ( ) 살아가고 있다.

   ① 받다    ② 입다    ③ 겪다    ④ 당하다

2. <보기>의 밑줄 친 부분과 같은 뜻으로 쓰인 문장을 고르십시오.

   <보기> 왕의 사치로 국가 재정이 바닥을 보이고 말았다.

   ① 운동화를 오래 신었더니 바닥에 구멍이 났다.
   ② 부엌 바닥에 신문지를 깔고 콩나물을 다듬었다.
   ③ 그 마라톤 선수의 체력이 바닥이 나서 결국 쓰러졌다.
   ④ 우리는 교실 청소를 하면서 바닥에 붙은 껌을 모두 떼어 냈다.

3. 위 글의 내용과 다른 것을 고르십시오.

   ① 보이스 피싱은 전화를 이용한 금융 사기 범죄이다.
   ② 피싱 범죄의 신종 사기 수법으로 파밍과 스미싱이 등장하였다.
   ③ 휴대폰에 스미싱 문자 메시지를 받으면 소액 결제 피해를 당하게 된다.
   ④ 피싱 사기는 자신도 모르는 사이에 피해를 입으므로 특별히 주의해야 한다.

4. 본문을 읽고 다음 사항을 쓰십시오.

   |  | 수법 |
   |---|---|
   | 보이스 피싱 | |
   | 파밍 | |
   | 스미싱 | |

### 쓰 기

• 신문이나 인터넷 등에서 피싱 범죄의 사례를 찾아 그 내용을 요약해 봅시다.

### 말하기

• 개인 정보 유출을 막기 위한 방법에는 어떤 것이 있을까요?

## 속담 한마디 12

### 돌다리도 두들겨 보고 건너라.

{풀이}
　잘 아는 일이라도 주의를 하라는 뜻으로 쓰이는 속담이다. 비슷한 속담으로는 '아는 길도 물어 가랬다'가 있다.

{활용}
　민정: 이 길로 가는 게 맞을까?
　요코: 지도를 봐서는 여기서 오른쪽으로 가야 할 것 같은데?
　민정: 돌다리도 두들겨 보고 건너랬다고, 저 아주머니께 여쭤 보고 가는 게 어때?
　요코: 좋아. 그렇게 하자.

{과제} 여러분의 나라에서 쓰이는 비슷한 속담을 써 보세요.

---

---

---

---

# 13과 언론 매체에는 어떤 특징이 있을까요?

**학습 목표**

1. 한국의 언론 매체에 대해 알아본다.
2. 언론 매체의 특징에 대해 살펴본다.

### 생각해 봅시다

여러분은 신문이나 인터넷 등을 통해서 주로 어떤 기사를 봅니까?

### 본문 1

#### 인쇄 매체의 종류와 특성

언론 매체는 언론 활동을 위해 이용하는 여러 가지 도구나 방법 등을 뜻한다. 이러한 언론 매체에는 매체의 종류에 따라서 신문이나 잡지 등과 같은 인쇄 매체와, TV나 라디오 등과 같은 전파 매체 및 인터넷 등과 같은 멀티미디어 매체 등이 있다.

인쇄 매체에서 가장 대표적인 것은 신문과 잡지라고 할 수 있다. 신문은 사회에서 발생한 사건에 대한 사실이나 해설을 널리 신속하게 전달하기 위한 정기 간행물이다. 즉 신문은 일반적으로 매일 발행되어 정치, 경제, 사회, 문화, 스포츠, 연예, 사건·사고 등 우리 사회에서 일어나는 크고 작은 일을 많은 사람들에게 알려 준다. 그리고 신문은 돈을 주고 사는지, 언제 발간되는지, 어느 지역에서 발간되는지에 따라서 유료 신문과 무료 신문, 조간신문과 석간신문, 중앙지와 지방지 등으로 나눌 수 있다.

잡지는 여러 가지 내용의 글을 모아서 특정한 이름으로 일정한 간격을 두고 정기적으로 발행되는 간행물이다. 발행 주기에 따라 주간지, 월간지 등으로 구분된다. 그리고 그 내용에 따라 경제와 관련된 내용, 취미와 관련된 내용, 과학이나 의학 등 전문적인 내용, 여성 관련 내용을 담은 것 등이 있다.

이러한 인쇄 매체는 단일 방향적 특성이 있다. 즉 사람들은 매체를 통해서만 정보를 접할 수 있을 뿐, 자신이 정보를 제공하거나 자신의 의견을 직접적으로 표현하지는 못한다는 것이다.

그러나 요즘은 인쇄 매체를 통해 기사를 보는 경우보다 컴퓨터나 스마트폰으로 새로운 기사를 접하는 경우가 대부분이다. 그리고 네티즌들은 그 기사에 대해 댓글로써 공감이나 반대의 의견을 표현할 수 있게 되었다.

### 어 휘

언론, 매체, 인쇄, 전파, 해설, 정기 간행물, 조간, 석간, 주기, 주간지, 월간지, 기사, 댓글, 대표적, 뜻하다, 신속하다, 발간되다

## 풀어보기

1. 다음 중 (   )에 들어갈 단어로 알맞은 것끼리 연결된 것을 고르십시오.

   · 이번에 우리 학교에서 한국어 교재를 새롭게 ( ㉠ ).
   · 작년에 ( ㉡ ) 책에는 잘못된 부분이 많았다.
   · 어제 신분증을 잃어버려서 새로 ( ㉢ ).

   |  | ㉠ | ㉡ | ㉢ |
   | --- | --- | --- | --- |
   | ① | 발간하다 | 펴내다 | 발급하다 |
   | ② | 발행하다 | 발급하다 | 펴내다 |
   | ③ | 펴내다 | 발행하다 | 발간하다 |
   | ④ | 펴내다 | 발간하다 | 발행하다 |

2. 다음 중 단어의 의미 관계가 <u>다른</u> 하나를 고르십시오.

   ① 알다 – 알리다
   ② 나누다 – 나뉘다
   ③ 모으다 – 모이다
   ④ 담다 – 담기다

3. 위 글의 내용과 일치하는 것을 고르십시오.

   ① 신문과 잡지는 부정기적으로 발행된다.
   ② 잡지보다 신문이 더 전문적인 내용을 다룬다.
   ③ 신문과 잡지는 여러 가지 정보를 사람들에게 제공해 준다.
   ④ 신문과 잡지를 통해 독자들은 자신의 의견을 표현할 수 있다.

## 쓰 기

- 다음의 사항을 넣어서 여러분 나라에서 유명한 신문이나 잡지를 소개하는 글을 써 봅시다.

  > · 유명한 신문이나 잡지 이름  · 유명한 이유  · 주로 다루는 내용

## 말하기

- 최근에 신문이나 잡지에서 본 내용을 이야기해 봅시다.

  > · 어떤 분야의 내용입니까?
  > · 제목은 무엇입니까?
  > · 누구/무엇에 대한 내용입니까?
  > · 그 내용에 대한 여러분의 생각을 이야기해 봅시다.

> **생각해 봅시다**

여러분은 인터넷 토론방이나 인터넷 사이트 등에 자신의 의견을 써 본 적이 있습니까? 만약 있었다면 어떤 의견을 썼는지 말해 봅시다.

> **본문 2**

### 멀티미디어 매체의 양방향적 특성

인터넷 환경이 발달하면서 누구나 정보를 제공하고 전달할 수 있게 되었다. 인터넷 포털 사이트 등을 통해 어떤 주제에 대한 자신의 생각과 주장을 펼칠 수 있다. 메신저나 토론방 등이 그 대표적인 것으로, 여러 가지 정보나 다른 사람의 의견에 대해 직접적으로 자신의 의견을 제시할 수 있다.

SNS나 페이스북, 트위터를 통해 여러 가지 논란거리에 대한 자신의 생각과 의견을 실시간으로 제시하여 다른 사람들과 토론을 벌일 수 있게도 되었다. 또한 유튜브와 같은 무료 동영상 공유 사이트들이 등장하면서, 정보의 생산과 공유에 참여할 수 있다.

그리고 개인이나 단체가 인터넷을 통해 직접 제작하고 진행하는 방송을 내보낼 수 있게 되었다. 예를 들면 '아프리카 TV, 인라이브, 판도라 TV' 등의 인터넷 TV 방송과, '나들목 향기, 로카 인 라디오, 혜화동 9시반' 등의 인터넷 라디오 방송이 있다. 최근에는 스마트폰과 같은 모바일 기기가 널리 보급되었다. 이에 따라 개인이나 기업들이 모바일 기기에서 이용할 수 있는 유용하고 재미있는 앱을 앞다투어 개발하고 있다.

이것은 모두 컴퓨터와 인터넷의 발달, 그리고 그에 따른 여러 가지 활용 도구의 발달에 힘입은 것이다. 이러한 매체를 통해 사람들은 시간과 공간의 제약을 받지 않고 직접 정보를 생산하고 공유함으로써 여론을 형성할 수 있게 되었다. 즉 매체가 발달함에 따라서 대중이 양방향으로 의사소통을 할 수 있음을 의미한다.

> **어 휘**

제공, 주장, 메신저, 토론방, 논란거리, 동영상, 공유, 제약, 여론, 대중, 제시하다, 벌이다, 참여하다, 제작하다, 진행하다, 유용하다, 앞다투다, 힘입다

## 풀어보기

1. (   )에 들어갈 수 있는 단어가 바르게 연결된 것을 고르십시오.

   • 영이는 양팔을 옆으로 (  ㉠  ).
   • 우리는 친구 집에서 파티를 (  ㉡  ).
   • 나는 피곤해서 입을 크게 (  ㉢  ) 하품을 했다.

   |   | ㉠ | ㉡ | ㉢ |
   |---|---|---|---|
   | ① | 벌리다 | 벌이다 | 벌이다 |
   | ② | 벌이다 | 벌리다 | 벌리다 |
   | ③ | 벌리다 | 벌이다 | 벌리다 |
   | ④ | 벌이다 | 벌리다 | 벌이다 |

2. 다음 중 밑줄 친 단어의 의미가 나머지와 가장 거리가 먼 하나를 고르십시오.

   ① 수업을 시작할 테니까 책을 펼치세요.
   ② 큰 새가 날개를 펼치고 하늘로 날아올랐다.
   ③ 그 배우는 부채를 펼쳐 들고 춤을 추기 시작했다.
   ④ 누구나 자신의 꿈을 펼치기 위해서는 노력을 해야 한다.

3. 위 글의 내용과 일치하지 않는 것을 고르십시오.

   ① 인터넷 공간에서는 다른 사람들과 실시간으로 토론을 할 수 있다.
   ② 인터넷을 통해 자신이 만든 방송을 다른 사람들에게 제공할 수 있다.
   ③ 모바일 기기가 발달하면서 재미있는 게임과 관련된 앱이 더 많이 개발된다.
   ④ 인터넷 환경의 발달로 대중들이 정보를 제공하고 공유하는 주체가 되고 있다.

### 쓰기

• 위 글의 내용에 나타난 멀티미디어 매체의 특징을 요약해 보십시오.

### 말하기

• 매체의 양방향적 특성 때문에 나타날 수 있는 좋은 점과 나쁜 점에 대해 이야기해 봅시다.

〈참고〉 인터넷 방송

| 방송 방식 | 방송 사이트 |
|---|---|
| 텔레비전 | • 아프리카 TV(www.afreeca.com)<br>• 인라이브(www.inlive.co.kr)<br>• 판도라 TV(www.pandora.tv) |
| 라디오 | • 나들목 향기(nadulmok.saycast.com)<br>• 로카 인 라디오(rocarlo.tistory.com)<br>• 혜화동 9시반(www.hyehwa930.com) |

## 속담 한마디 13

### 쌀은 쏟고 주워도 말은 하고 못 줍는다.

**{풀이}**
　이 속담은 말을 할 때에 남에게 피해를 주지 않도록 깊이 생각하고 말을 해야 한다는 뜻을 나타낸다. 비슷한 속담으로는 '살은 쏘고 주워도 말은 하고 못 줍는다'가 있다.

**{활용}**
　스미스: 요즘 인터넷에는 확인도 하지 않고 남을 비난하는 이야기가 많은 것 같아요.
　유스케: 맞아요. 그런 이야기 때문에 마음에 상처를 입는 사람도 많을 거예요.
　스미스: '쌀은 쏟고 주워도 말은 하고 못 줍는다'고 하듯이, 말을 할 때에는 조심해야 하는데…….
　유스케: 그럼요. 내가 한 말이 남에게 상처가 되면 안 되죠.

**{과제}** 여러분의 나라에서 쓰이는 비슷한 속담을 써 보세요.

# 14과 한국의 정치

**학습 목표**

1. 한국의 선거 제도에 대하여 알아본다.
2. 한국의 촛불 집회에 대해서 이해한다.

### 생각해 봅시다

여러분 나라에서는 정치 지도자를 어떻게 뽑습니까?

### 본문 1

## 한국의 선거 제도

한국에서 정치인을 뽑는 선거로는 대통령 선거, 국회의원 선거, 지방 선거가 있다. 만 19세 이상의 대한민국 국민이면 누구나 선거권이 있다.

대통령을 선출하는 방식은 국민이 직접 대통령을 뽑는 직선제를 채택하고 있으며, 대통령의 임기는 5년이고 중임할 수 없다. 국회의원 선거는 4년 단위로 하고 투표자는 지역구, 정당에 각각 1표씩 총 2표를 행사할 수 있다.

2017년 5월 9일에 제19대 대통령을 뽑기 위해 국민들이 투표를 했다. 대통령 선거 결과, 더불어민주당의 문재인 대통령 후보자가 41.08%의 득표율로 제19대 대한민국 대통령으로 선출되었다. 그리고 제19대 대통령 선거에 앞서 2016년에는 제20대 국회의원 선거가 있었다. 그 결과는 더불어민주당이 123석, 새누리당이 122석, 국민의당이 38석, 정의당이 6석, 무소속이 11석을 차지했다.

대한민국의 지방선거는 지방자치 단체장과 지방의회 의원 선거로 나눌 수 있다. 지방선거에서는 자신이 살고 있는 지역의 대표자인 시장, 시의원 등을 직접 선출한다. 2010년에 실시한 제5회 지방선거에 이어, 2014년 6월 4일에는 제6회 선거를 치렀다.

선거는 민주주의의 꽃이라는 말이 있다. 국민은 선거를 통해서 주권을 행사함으로써 민주주의를 실현하고, 그 결과로 정권에 정통성을 부여한다. 이러한 점에서 선거권은 민주주의 국가의 국민이 행사할 수 있는 소중한 권리이다.

### 어 휘

선거, 선거권, 직선제, 임기, 중임, 투표, 득표율, 지역구, 정당, 무소속, 단체장, 주권, 정권, 정통성, 채택하다, 선출하다, 치르다, 행사하다, 부여하다

## 풀어보기

1. 다음의 (　　)에 공통적으로 들어갈 수 있는 단어를 고르십시오.

   · 나는 옷값을 (　　) 가게에서 나왔다.
   · 우리는 국제 행사를 (　　) 경험이 있다.
   · 오늘의 승리는 선수들이 희생을 (　　) 얻은 것이다.

   ① 주다　　　　　　　　　　② 열다
   ③ 통하다　　　　　　　　　④ 치르다

2. 다음 중 단어의 의미 관계가 나머지와 <u>다른</u> 하나를 고르십시오.

   ① 주다 – 부여하다　　　　　② 뽑다 – 선출하다
   ③ 비판하다 – 평가하다　　　④ 선택하다 – 채택하다

3. 위 글의 내용과 일치하는 것을 고르십시오.

   ① 대한민국은 대통령을 간접 선거로 뽑는다.
   ② 국회의원을 선출하는 선거는 5년마다 있다.
   ③ 한 사람이 대통령직을 두 번까지 할 수 있다.
   ④ 지방의회 의원을 뽑는 선거는 4년에 한 번 있다.

4. 위 글에서 선거를 '민주주의의 꽃'이라고 하는 이유를 찾아 써 보십시오.

## 쓰기

- 여러분 나라에서 지방자치 단체장의 선출과 관련하여, 아래 물음에 답하십시오.

  - 지역 주민들이 직접 선출합니까?

  - 몇 살부터 투표를 할 수 있습니까?

  - 몇 년에 한 번씩 뽑습니까?

  - 지방자치 단체장이 하는 일은 무엇입니까?

## 말하기

- 여러분 나라의 선거 제도에 대해 소개해 보십시오.

### 생각해 봅시다

시민들이 단체로 의사를 표현할 때, 어떤 방법이 가장 효과적이라고 생각합니까?

### 본문 2

## 촛불 집회

한국의 민주화를 이루는 데는 독재 정권에 저항하는 수많은 민중들의 노력이 있었다. 특히 1960~80년대의 군사 정권 시기에는 그 저항 방법이 과격한 경향이 있었는데, 그 당시는 그럴 수밖에 없을 정도로 혼란스러운 상황이었다.

과거와 달리, 정부가 민주적인 절차를 통해 정통성을 부여받은 후부터는 국민들이 정권에 저항하는 방식이 변화하기 시작했다. 정치적 중요성에 따라 가능하면 평화적이고 비폭력적인 방법을 사용하게 된 것이다.

최근 한국 국민들이 의사를 표현하는 대표적인 방법으로 촛불 집회가 있다. 이 집회는 2002년 6월 여중생이 미군 장갑차에 치여 죽었을 때, 주한 미군과 한국 정부에 항의하기 위해 열렸다. 2008년 5월에는 10대 여학생들이 미국산 쇠고기의 수입을 반대하는 '촛불 문화제'를 연 이후 전국으로 확산되었다. 이 집회는 평화적으로 진행되었고, 대학생뿐 아니라 회사원, 유모차를 끌고 온 주부 등 많은 사람들이 참여했다.

2016년 말, 대통령을 탄핵하기 위한 촛불 집회가 전국적으로 열렸다. 국민들은 이 집회를 통해서 평화적으로 정권을 바꾸자는 여론을 표출했다. 이 촛불 집회는 2017년 5월 문재인 정부가 출범하는 데 결정적인 계기가 되었다.

현행 '집회 및 시위에 관한 법률'에서는 해가 진 이후에는 옥외 집회나 시위를 금지하고 있지만, 촛불 집회는 하나의 문화적인 행사로 인정되기 때문에 허용되고 있다.

촛불은 자신을 태워 주변을 밝히지만 작은 바람에도 흔들리거나 꺼지기 쉽다. 하지만 여러 명이 모이면 그 불은 쉽게 꺼지지 않는다. 앞으로도 더 나은 세상을 꿈꾸는 사람들이 촛불을 들고 기원할 것이다.

### 어휘

독재, 민중, 절차, 집회, 장갑차, 현행, 시위, 옥외, 평화적, 비폭력적, 저항하다, 과격하다, 혼란스럽다, 부여받다, 항의하다, 확산되다, 허용되다, 기원하다

## 풀어보기

1. 다음의 (   )에 공통적으로 들어갈 수 <u>없는</u> 단어를 고르십시오.

   · 공사가 예정대로 (    ) 있다.
   · 회의가 몇 시간에 걸쳐서 (    ).
   · 그는 아내의 수술이 (    ) 동안 밖에서 기도를 했다.

   ① 계속되다                    ② 진행되다
   ③ 실시되다                    ④ 시작되다

2. 위 글의 '촛불'이 나타내는 상징적인 의미로 적절하지 <u>않은</u> 것을 고르십시오.
   ① 기원                        ② 저항
   ③ 정권                        ④ 평화

3. 위 글의 내용과 일치하는 것을 고르십시오.
   ① 현 정권은 정통성을 부여받지 못했다.
   ② 한국 국민은 독재 정권에 대해 침묵했다.
   ③ 누구나 촛불 집회에 자발적으로 참가할 수 있다.
   ④ 촛불 집회는 군사 정권에 저항하기 위해 시작되었다.

### 쓰기

• 여러분 나라에서는 집단의 의사 표현을 어떻게 하는지 써 봅시다.

### 말하기

• 여러분 나라에서 일어난 평화적인 시위에 대해 이야기해 봅시다.

## 속담 한마디 14

### 민심은 천심.

{풀이}
　이 속담은 백성의 마음이 곧 하늘의 마음과 같다는 뜻으로, 백성의 뜻을 무시할 수 없음을 나타낸다. 비슷한 속담으로 '백성 입 막기는 내 막기보다 힘들다'가 있다.

{활용}
　철수: 이번 학기에 등록금이 많이 올랐대.
　매튜: 뭐? 또 올랐어?
　철수: '민심이 천심'이라는 말도 있잖아. 이젠 정말 촛불 집회라도 해야 하는 거 아냐?
　매튜: 그러게 말이야.

{과제} 여러분의 나라에서 쓰이는 비슷한 속담을 써 보세요.

_____

_____

_____

# 15과 한국인의 신앙생활

**학습 목표**

1. 한국의 다양한 종교에 대해 알아본다.
2. 한국의 점복 신앙에 대해 이해한다.

> **생각해 봅시다**

여러분은 종교가 있습니까? 있다면 언제부터 그 종교를 믿었습니까?

> **본문 1**

### 한국의 다양한 종교

통계청에서 실시한 최근 조사에 따르면, 현재 한국인의 약 54%가 종교를 믿는다고 한다. 신자 수의 비율로 한국의 3대 종교를 꼽는다면, '불교, 개신교, 천주교'의 순서이다. 이들은 모두 다른 나라와 교류가 활발해지면서 들어온 외래 종교이다.

불교는 삼국 시대에 중국을 통해 전파되었고, 깨달음을 얻거나 자비를 실천하는 것을 교리로 삼는다. 신자의 비율은 전체 종교 신자 중 47%를 차지한다. 또한 무교인 사람들이 제일 호감을 느끼는 종교가 불교라고 한다. 종교적인 문화유산 중에서는 불교와 관련된 것이 가장 많을뿐더러 흔히 접할 수 있으므로, 한국인들에게는 전통적인 종교라 할 수 있다.

현재 신자의 비율이 36.8%인 개신교는 1885년에 인천에서부터 선교가 시작되었다. 여러 교파가 있지만 이웃을 사랑하라는 가르침은 공통적이다. 다른 종교에 비하여 개신교는 특히 30대 이하인 젊은 층의 구성비가 72%로 매우 높다.

한편 천주교는 개신교보다 100년 정도 일찍 전파되었지만, 갖은 박해를 받아 오다가 19세기 말 개화기 때 비로소 종교로 인정을 받게 되었다. 천주교는 한국의 근현대사에서 사회 문제 등에 적극적으로 참여해 왔다. 통계에 나타난 신자의 비율은 전체 종교 신자의 13.7%를 차지한다.

이처럼 한국에는 종교가 다양해서 종종 갈등이 생기기도 한다. 따라서 2018년 11월, '다름도 아름답다'는 주제로 '전국종교인화합마당'이 경주에서 열렸다. 비록 종교는 다를지언정 추구하는 궁극적인 목적은 그다지 다르지 않다. 타 종교를 인정하고 각 종교의 가르침을 실천해 갈 때 진정한 화합을 이룰 수 있을 것이다.

> **어 휘**

불교, 개신교, 천주교, 신자, 자비, 교리, 무교, 개화기, 교파, 구성비, 박해, 인정, 갈등, 화합, 갖은, 궁극적, 비로소, 꼽다, 전파되다, 삼다, 차지하다, 추구하다

## 풀어보기

1. 다음 중 단어의 의미 관계가 <u>다른</u> 하나를 고르십시오.

   ① (사람을) 믿다 – 의심하다　　② (사실을) 인정하다 – 부인하다
   ③ (며느리로) 삼다 – 정하다　　④ (불교와) 관련되다 – 무관하다

2. 밑줄 친 부분과 바꾸어 쓸 수 있는 것을 고르십시오.

   천주교는 개화기 때 <u>비로소</u> 종교로 인정을 받게 되었다.

   ① 서서히　　　　　　　② 마침내
   ③ 슬며시　　　　　　　④ 우연히

3. 다음 (　　)에 들어갈 알맞은 단어를 고르십시오.

   나는 많은 사람들과 (　　) 각자의 개성을 발견할 수 있었다.

   ① 붙으면서　　　　　　② 연이어서
   ③ 접하면서　　　　　　④ 닿으면서

4. 위 글의 내용과 일치하는 것을 고르십시오.

   ① 불교는 한국의 고유한 신앙이다.
   ② 한국에서 가장 먼저 받아들인 종교는 천주교이다.
   ③ 개신교는 젊은 층이 신자 수에서 높은 비율을 차지한다.
   ④ 한국인이 종교를 믿는 비율은 전체 인구의 절반을 밑돈다.

## 쓰 기

• 여러분 나라의 주요 종교에 대해 써 봅시다.

| | |
|---|---|
| 종교 이름 | |
| 믿음의 대상 | |
| 특별한 날 | |
| 지켜야 할 일 | |
| 하지 말아야 할 일 | |
| 기타 | |

## 말하기

• 여러분이 믿는 종교를 친구들에게 소개해 보세요.

> **생각해 봅시다**

여러분은 미래에 대해서 궁금하거나 걱정이 될 때 어떻게 합니까?

> **본문 2**

### 한국의 점복 신앙

한국 사람들은 결혼을 하거나 이사를 하기 전에 좋은 날을 택하기 위해 점을 보는 경우가 많다. 점이란 앞날의 길흉화복을 미리 판단하여, 화를 물리치고 복을 부르려는 목적으로 보는 것을 말한다.

사람들이 주로 보는 점에는 사주, 궁합, 관상, 수상 등이 있다. 사주는 태어난 연월일시에 근거하여 사람의 운명을 알아보는 것이다. 결혼하기 전에 사주를 보아서 부부 사이가 좋을지 나쁠지를 미리 알아보는 것이 궁합이다. 그리고 관상은 사람의 생김새나 얼굴 모습 또는 사람의 얼굴을 보고 그의 운명, 성격, 수명 등을 판단하는 것이다. 수상은 손금이나 손의 모양을 통해 그 사람의 운수와 길흉을 알아보는 것이다.

한편 이사를 할 때는 '손 없는 날'을 선택하여 이사를 하려는 사람이 많다. 다른 곳으로 이사를 한 후에 혹시나 미래에 생길지도 모르는 불행을 미리 막고 싶어 하기 때문이다. 또 중요한 시험을 치기 전에는 이번에 합격할 수 있을지 물어보기도 한다. 그리고 연초에는 그 해의 운세가 어떨지 알아보기도 한다. 이처럼 점을 보는 것은 모두 미래에 대한 불확실성이나 불안감 때문이다.

이러한 세태를 반영하듯, 시간이 가면 갈수록 점집이 늘어나는 추세이다. 사람들이 흔히 점을 볼 수 있는 곳으로는 간판을 내걸고 영업하는 점집, 길거리 천막 점집, 인터넷 사이트, 전화 서비스, 사주 카페 등이 있다. 요즘은 젊은이들이 재미 삼아서 타로 카드로 타로 점을 보기도 한다. 또한 대부분의 신문에는 '오늘의 운세'란을 두어 하루의 운세를 미리 알려 주기도 한다.

미래는 불확실하다. 그렇더라도 점에 의지하기보다는 우리의 운명은 우리 스스로 개척해 나가야 하지 않을까?

> **어 휘**

점, 길흉화복, 사주, 궁합, 관상, 수상, 생김새, 운명, 수명, 운수, 손, 연초, 운세, 불확실성, 불안감, 세태, 추세, 천막, 타로(tarot), 택하다, 물리치다, 근거하다, 반영하다, 개척하다

## 풀어보기

1. 단어의 의미 관계가 나머지와 <u>다른</u> 것을 고르십시오.

   ① 불안 – 불만　　　② 의지 – 의존
   ③ 추세 – 경향　　　④ 수명 – 목숨

2. 밑줄 친 부분과 바꾸어 쓸 수 있는 것을 고르십시오.

   > 대다수의 신문이나 잡지 등에는 '오늘의 운세'란을 두어 하루의 운세를 <u>미리 알려</u> 주기도 한다.

   ① 예산해　　　② 예정해
   ③ 예비해　　　④ 예측해

3. 위 글의 내용과 일치하는 것을 고르십시오.

   ① 이사하기 좋은 날은 '손 있는 날'이다.
   ② 결혼 날짜를 받기 위해서는 궁합을 본다.
   ③ '오늘의 운세'는 그 날의 운세를 미리 알려 주는 난이다.
   ④ 손금을 보고 그 사람의 운명을 판단하는 것을 관상이라 한다.

4. 한국인들이 점을 보는 이유를 위 글에서 찾아 쓰십시오.

## 쓰기

• 여러분 나라의 점복 신앙에 대해서 써 봅시다.

| 명칭 | 방법과 특징 |
|---|---|
|  |  |
|  |  |

## 말하기

• 지금 여러분이 점을 본다면 무엇에 대해 알고 싶습니까? 이야기해 봅시다.

## 속담 한마디 15

## 지성이면 감천이다.

{풀이}
 정성이 지극하면 하늘도 감동하게 된다는 뜻으로, 무슨 일이든지 정성을 다하면 아주 어려운 일도 쉽게 풀려 좋은 결과를 얻는다는 의미의 속담이다. 비슷한 속담으로는 '정성이 지극하면 돌 위에도 풀이 난다'가 있다.

{활용}
 수잔나: 상미 씨가 몇 년 동안 아버지 병간호를 했었다면서요?
 이정윤: 네, 결혼도 미루면서 정성을 다했대요. 지성이면 감천이라고 지금은 완쾌되셨대요.
 수잔나: 정말 다행이네요. 상미 씨는 대단한 일을 했군요.

{과제} 여러분의 나라에서 쓰이는 비슷한 속담을 써 보세요.

---

---

---

MEMO

## 풀어보기 정답표 1

| 단원 | 본문 | 1 | 2 | 3 | 4 |
|---|---|---|---|---|---|
| 1과 | 본문 1 | ④ | ② | ③ | |
| | 본문 2 | ② | ③ | ①-ⓒ<br>②-ⓒ<br>③-㉠ | ④ |
| 2과 | 본문 1 | ② | ③ | ④ | |
| | 본문 2 | ③ | ④ | | |
| 3과 | 본문 1 | ① | ④ | ③ | |
| | 본문 2 | ④ | ② | ③ | ④ |
| 4과 | 본문 1 | ④ | ③ | ④ | |
| | 본문 2 | ③ | ② | ② | |
| 5과 | 본문 1 | ① | ② | ③ | |
| | 본문 2 | ③ | ② | ③ | |
| 6과 | 본문 1 | ① | ④ | ③ | |
| | 본문 2 | ② | ③ | ② | ③ |
| 7과 | 본문 1 | ④ | ① | ③ | |
| | 본문 2 | ④ | ① | ④ | |
| 8과 | 본문 1 | ① | ① | ④ | |
| | 본문 2 | ③ | ④ | ① | |
| 9과 | 본문 1 | ③ | ② | ③ | |
| | 본문 2 | ① | ③ | ③ | |

| 단원 | 본문 | 1 | 2 | 3 | 4 |
|---|---|---|---|---|---|
| 10과 | 본문 1 | ② | ①-ⓒ<br>②-㉠<br>③-ⓒ | ④ | |
| | 본문 2 | ①-ⓒ<br>②-㉠<br>③-ⓒ | ④ | ③ | ③ |
| 11과 | 본문 1 | ④ | ③ | ④ | |
| | 본문 2 | ③ | ③ | ① | |
| 12과 | 본문 1 | ③ | ② | ② | |
| | 본문 2 | ② | ③ | ③ | |
| 13과 | 본문 1 | ① | ① | ③ | |
| | 본문 2 | ③ | ④ | ③ | |
| 14과 | 본문 1 | ④ | ③ | ④ | |
| | 본문 2 | ④ | ③ | ③ | |
| 15과 | 본문 1 | ③ | ② | ③ | ③ |
| | 본문 2 | ① | ④ | ③ | |

## [부록 1]　　　　단원 종합 문제

### 1과~5과

1. 아래의 내용과 가장 관련이 깊은 표현을 고르십시오.

   > 지구는 지금 심한 몸살을 앓고 있다. 그 이유는 지구가 점점 뜨거워지고 있기 때문인데, 이것을 '지구 온난화'라고 한다.

   ① 아니 땐 굴뚝에 연기 나랴?
   ② 사랑한단 말보다는 금연으로 보여 줘요.
   ③ 열 사람이 줍기보다 한 사람이 버리지 말자.
   ④ 공든 탑이 무너진다. 작은 불씨 다시보자.

※ [2~3] 다음을 읽고 물음에 답하십시오.

2. 밑줄 친 부분과 의미가 비슷한 것을 고르십시오.

   > 예전에는 <u>주로</u> 다방에서 커피를 마셨다.

   ① 자주　　　　　　　　② 흔히
   ③ 언제나　　　　　　　④ 우선적으로

3. 밑줄 친 부분과 바꾸어 쓸 수 있는 것을 고르십시오.

   > 거리에는 커피 전문점이 <u>줄지어 있습니다</u>.

   ① 많지 않습니다.
   ② 늘어서 있습니다.
   ③ 군데군데 있습니다.
   ④ 줄에 맞추어 있습니다.

4. (가)~(라)의 문장을 순서대로 맞게 배열한 것을 고르십시오.

> (가) 한국 요리는 발효 식품을 많이 사용한다.
> (나) 한국 음식 문화의 특징으로는 어떤 것이 있는지 살펴보자.
> (다) 한국 요리의 기본양념인 간장, 된장, 고추장은 물론, 한국을 대표하는 음식인 김치도 발효 식품이다.
> (라) 유네스코 제8차 무형 유산위원회에서는 2013년 12월부터 '김치'를 인류 무형 문화유산으로 등재하기로 결정했다.

① (가) - (나) - (다) - (라)
② (가) - (나) - (라) - (다)
③ (나) - (가) - (라) - (다)
④ (나) - (가) - (다) - (라)

5. 다음의 글을 읽고 (   ) 에 알맞은 것을 고르십시오.

> 지구가 뜨거워지면 남극과 북극에 있는 얼음이 녹는다고 한다. 그러면 영화에서 보는 것처럼, 우리가 살고 있는 곳이 바다가 될 수도 있다. 얼음이 녹으면 (   ), 날씨가 아주 추워지거나 더워져서 사람이 살 수 없어진다고 한다.

① 육지가 바다가 되기 때문에
② 바닷물이 싱거워지기 때문에
③ 바다의 온도가 달라지기 때문에
④ 바다의 높이가 높아지기 때문에

6. 다음의 글을 읽고 (   )에 알맞은 것을 고르십시오.

> 인구가 서울에 몰리면서 많은 문제가 생겼다. 그 중에서 가장 큰 문제는 (   ). 이러한 문제를 해결하기 위해서 수도권 인구 집중 현상을 막고 국토를 균형 있게 발전 시켜야 한다는 의견이 나왔다. 세종시를 건설함으로써 다른 지역도 함께 조화롭게 발전될 것으로 전망된다.

① 서울의 물가가 많이 올랐다는 것이다.

② 서울의 생활 환경이 나빠졌다는 것이다.

③ 서울이 심각한 환경 오염을 겪게 되었다는것이다.

④ 서울은 많이 발전했지만 다른 지역은 그렇지 못했다는 것이다.

※ [7~8] 다음을 읽고 물음에 답하십시오.

> 한국 속담에 '( ㉠ )'라는 말이 있습니다. 이런 말이 생길 정도로, 예로부터 한국 사람들은 서울이나 그 주변에서 모여 살았습니다. 그 결과 한국 인구 5명 중의 1명이 서울에 사는 시대가 되었습니다.
> 남한의 수도는 서울로서 한반도의 중심을 흐르는 한강 하류에 자리를 잡고 있습니다. 서울은 조선 시대에는 '한양', 대한제국 시대에는 '한성', 일제강점기 때는 '경성'이라는 이름을 쓰다가 현재는 서울이라는 이름을 ㉡ 쓰게 되었습니다.

7. 다음 중 ( ㉠ )에 들어갈 속담으로 알맞은 것을 고르십시오.

① 서울 가서 김 서방 찾는다.

② 서울에선 눈 감으면 코 베어 간다.

③ 종로에서 뺨 맞고 한강에서 눈 흘긴다.

④ 말은 나면 제주도로 보내고 사람은 나면 서울로 보내라.

8. 다음 중 밑줄 친 ㉡에 나타난 '-게 되다'로 바꿀 수 없는 것을 고르십시오.

① 그 영화를 보면 마음이 따뜻해진다.

② 이 화장품을 바르면 얼굴이 고와져요.

③ 우리가 너무 힘껏 잡아 당겨서 줄이 끊어졌다.

④ 밤이 되니까 학교의 운동장이 매우 조용해졌어요.

※ [9~10] 다음을 읽고 물음에 답하십시오.

(가) 오랜 전쟁으로 인해 가난하고 병든 사람이 많은 톤즈에서 이태석 신부가 한 역할은 한두 가지가 아니었다. ㉠ <u>의사이자, 선생님이자</u>, 직접 병원과 성당을 지은 건축가였다. 뿐만 아니라 독학으로 연주법을 익힌 후에, 전쟁으로 상처받은 아이들을 음악으로 치료하려고 '브라스 밴드'도 만들었다. 그는 무엇보다도 톤즈 사람들이 가장 의지하고 존경하는 사람이었다.

(나) 이철호 씨는 현재 노르웨이에서 라면의 대명사로 통한다. 사람들은 라면을 달라는 말 대신에 "미스터 리 주세요."라고 할 정도이다. 그는 노르웨이 학교의 교과서에 실릴 만큼 유명한 인물이 되었다. 그뿐만 아니라 2004년에는 이민자 ㉡ <u>최초로</u> 국왕으로부터 '자랑스러운 노르웨이인 상'을 받기도 했다.

9. 밑줄 친 ㉠의 '-(이)자'와 바꿀 수 있는 표현이 쓰인 것을 고르십시오.

① 철수는 의사<u>이며</u>, 영희는 교사이다.
② 오늘은 크리스마스<u>이면서</u> 일요일이다.
③ 폭우가 쏟아지<u>자</u> 곧 집 안으로 물이 들어왔다.
④ 할머니께서는 병원에 가셨<u>는데</u>, 어머니는 백화점에 가셨다.

10. 밑줄 친 ㉡에 쓰인 '-(으)로'와 의미가 같은 것을 고르십시오.

① 나는 집<u>으로</u> 발길을 돌렸다.
② 아버지는 톱<u>으로</u> 나무를 베었다.
③ 어머니는 딸을 훌륭한 사람<u>으로</u> 키웠다.
④ 철수는 아침저녁<u>으로</u> 운동을 한다.

※ [11~12] 다음을 읽고 물음에 답하십시오.

그러나 2010년대 이후에는 믹서 커피나 자판기 커피보다 커피 전문점에서 만든 커피를 더 많이 마시고 있다. 때로는 밥값보다 비싼 돈을 주고 커피 전문점을 찾는 이가 늘고 있다. 이는 소비자의 입맛이 까다로워진 때문이기도 하고, 편안한 분위기에서 커피를 마시면서 이야기를 나누는 것을 좋아하기 때문이기도 하다. 그래서 가게 주인들은 가게 안을 편안하고 아름답게 꾸미고, 다양한 커피 맛을 개발하기 위해 노력하고 있다.

11. 위 글의 앞에 연결될 수 있는 내용으로 알맞은 것을 고르십시오.

① 예전에는 커피 전문점이 드물었다.
② 예전에는 주로 커피 전문점에서 원두커피를 마셨다.
③ 예전에는 커피 자동판매기를 많이 이용하지 않았다.
④ 예전에는 커피 전문점에서 파는 커피의 값이 비쌌다.

12. '서로 잘 어울리는'이라는 의미로 ( )에 들어갈 수 있는 표현을 고르십시오.

한국인은 비빔밥이나 쌈처럼 재료를 섞어 ( ) 맛을 즐긴다. 비빔밥은 밥에 다양한 색깔의 나물과 고추장 등을 섞어서 비벼 먹는 것이다. 쌈은 상추나 깻잎 같은 채소에 삼겹살, 김치, 마늘, 고추를 얹어서 싸먹는 것이다.

① 조성되는   ② 구성되는
③ 조화되는   ④ 대비되는

※ [13~15] 다음을 읽고 물음에 답하십시오.

부산국제영화제에서는 아시아 출신의 신인 감독의 새로운 영화를 소개하고, 투자자와 만날 수 ㉠있도록 주선한다. 1999년에는 신인 감독들과 투자자를 연결해 주는 '부산 프로모션 플랜'이 수립되어, 2011년부터는 '아시아 프로젝트 마켓'이라는 이름으로 이어져 오고 있다. 2012년에는 아시아를 대표할 배우 양성을 목표로 '아시아 연기자 아카데미'를 출범하여 신인 연기자 발굴에 힘쓰고 있다. 그리고 ( ㉡ ). 특히 관객과 영화인이 자유롭고 편한 분위기에서 직접 소통하는 '오픈 토크(open talk)'는 많은 사람들에게 호응을 얻고 있다. 이러한 특징 때문에 부산국제영화제는 짧은 시간에 크게 성장할 수 있었다.

13. 이 글을 쓴 목적으로 가장 알맞은 것을 고르십시오.

① 부산국제영화제에 누가 오는지 알려 주려고
② 부산국제영화제가 만들어진 이유를 밝히기 위해
③ 부산국제영화제가 발전하게 된 이유를 말해 주기 위해
④ 부산국제영화제에 참가할 수 있는 방법을 알려 주기 위해

14. 밑줄 친 ㉠의 '-도록'과 의미가 다른 것을 고르십시오.

① 나무가 잘 자라도록 거름을 주었다.
② 손님이 편히 주무시도록 조용히 해야 한다.
③ 아이들이 길을 안전하게 건널 수 있도록 보살펴야 한다.
④ 밤이 늦도록 동생이 들어오지 않아서 걱정했다.

15. ( ㉡ )에 들어갈 알맞은 문장을 고르십시오.

① 부산국제영화제는 관객들이 적극적으로 참여할 수 있는 것이 특징이다.
② 부산국제영화제에서는 아시아를 대표하는 배우를 양성하는 데에 힘쓴다.
③ 부산국제영화제에서는 유명 감독들이 투자자들에게 신인 배우를 소개한다.
④ 부산국제영화제에서는 관객이 '아시아 연기자 아카데미'에 참여할 수 있게 해 준다.

# 6과~10과

1. 밑줄 친 부분과 바꾸어 쓸 수 있는 가장 적절한 것을 고르십시오.

   우리는 야구장에서 최신 응원가와 유행가를 <u>목청껏</u> 불렀다.

   ① 힘껏  
   ② 기껏  
   ③ 눈치껏  
   ④ 재주껏

2. 밑줄 친 부분과 바꾸어 쓸 수 있는 것을 고르십시오.

   어디에서나 사람들이 스마트폰을 사용하는 모습을 <u>많이</u> 볼 수 있다.

   ① 괜잖게  
   ② 같잖게  
   ③ 하찮게  
   ④ 적잖게

3. (　)에 들어갈 말로 가장 알맞지 <u>않은</u> 것을 고르십시오.

   많은 현대인들은 심장에 생긴 문제나 뇌출혈로 (　)에 이르기까지 한다.

   ① 중상  
   ② 죽음  
   ③ 사망  
   ④ 중태

4. (　)에 들어갈 말로 알맞지 <u>않은</u> 것을 고르십시오.

   전 세계의 컴퓨터가 하나의 네트워크로 (　) 인터넷이 가능해졌다.

   ① 묶여서  
   ② 잡혀서  
   ③ 엮여서  
   ④ 연결돼서

5. (가)~(마)의 문장을 순서대로 맞게 배열한 것을 고르십시오.

   (가) 인터넷으로 인해 우리 생활에는 큰 변화가 일어났다.  
   (나) 최근에는 스마트폰으로 더 쉽게 인터넷에 접속할 수 있다  
   (다) 은행에 직접 가지 않고 인터넷으로 은행 업무를 볼 수 있게 되었다.  
   (라) 각종 애플리케이션으로 다양한 서비스를 이용할 수 있게 되었다.  
   (마) 이처럼 우리는 인터넷 때문에 정보의 혁신 시대를 살아가고 있다.

① (가) - (나) - (라) - (마) - (다)
② (가) - (나) - (마) - (다) - (라)
③ (가) - (다) - (나) - (라) - (마)
④ (가) - (다) - (마) - (나) - (라)

6. 다음의 글을 읽고 (    )에 알맞은 것을 고르십시오.

> 지금은 취업난이 해소될 전망이 그리 밝지 못한 상황입니다. 경제 상황이 어려워질 뿐만 아니라 일자리가 (      ) 일을 하려는 사람은 점점 많아지기 때문입니다.

① 안정되어 있고　　　　　② 한정되어 있고
③ 정체되어 있고　　　　　④ 고정되어 있고

7. 아래의 내용과 관계가 있는 속담으로 알맞은 것을 고르십시오.

> 전 세계 18세 미만 아동의 절반 정도가 가난과 배고픔에 시달리고 있다고 한다. 먹을 것이 없어서 굶어 죽어 가고 있는 아이들의 모습은 삶의 고통이 얼마나 깊은지 보여 준다.

① 금강산도 식후경.　　　　② 이웃이 사촌보다 낫다.
③ 가난은 나라도 못 당한다.　④ 구슬이 서 말이라도 꿰어야 보배.

8. 다음 중 (    )에 들어갈 말로 알맞지 않은 것을 고르십시오.

> 가: 어떤 분야에 지원하고 싶어요?
> 나: 저는 영화 산업 분야에 (      ) 합니다.
> 가: 최근 그 분야에 지원하는 사람들이 늘고 있어요.

① 지원할까　　　　　　　　② 지원하도록
③ 지원하고자　　　　　　　④ 지원했으면

9. 다음의 글을 읽고 (    )에 알맞은 것을 고르십시오.

> 우리는 온라인 게임을 통해 (          ). 게임을 하면서 재미를 느끼고 스트레스를 해소할 뿐만 아니라 친구를 사귀고 이야기를 나눌 수도 있다.

① 다른 사람들과 긴장을 풀기도 한다.
② 다른 사람들과 승부를 내기도 한다.
③ 다른 사람들과 소통을 하기도 한다.
④ 다른 사람들과 협력을 하기도 한다.

10. 다음 글의 내용과 같은 것을 고르십시오.

> 고혈압을 예방하기 위해서는 규칙적인 운동도 필요하겠지만, 소금의 섭취량을 조절하는 것이 가장 중요하다. 특히, 한국인이 가장 즐겨 먹는 김치류나 된장류에는 나트륨이 많이 포함되어 있기 때문에 생야채와 함께 먹는 등의 방법으로 나트륨의 수치를 낮춰야 할 것이다.

① 혈압을 낮추기 위해서는 지속적으로 운동량을 늘려야 한다.
② 나트륨 섭취를 줄이기 위해서 생야채를 식사 전에 먹으면 좋다.
③ 고혈압 예방을 위해서는 음식량보다는 운동량을 조절해야 한다.
④ 한국인이 자주 먹는 음식은 짠 편이어서 싱겁게 먹는 것이 좋다.

11. (    )에 들어갈 말로 가장 알맞은 것을 고르십시오.

> 사직 야구장에는 볼거리와 먹을거리 그리고 즐길 거리가 다양하다. 그래서인지 롯데 팀의 경기가 있는 날에는, 하던 일을 잠시 (    ) 그곳에서 한마음으로 즐기는 사람들이 많다.

① 접어 두고          ② 받아 두고
③ 마쳐 두고          ④ 줄여 두고

12. 아래 글 바로 앞에 연결될 수 있는 내용으로 가장 알맞은 것을 고르십시오.

> 한국은 유니세프의 도움을 받던 나라가 도움을 주는 나라로 발전한 첫 사례였다. 1994년 설립된 유니세프 한국 위원회에서는 다양한 봉사 활동을 하고 있다.

① 유니세프의 설립 과정
② 유니세프의 회원국 소개
③ 유니세프의 한국에 대한 지원
④ 유니세프 한국 위원회의 세계적인 활동

13. 다음 글의 내용과 같은 것을 고르십시오.

> 정치적이든 경제적이든 남북 간의 교류가 많아질수록 한반도에 평화가 정착될 가능성도 높아진다. 평화를 위해서는 남북한 모두의 노력과 양보가 필요하다. 또한 이웃나라들이 한반도의 평화는 곧 아시아의 평화, 세계의 평화라는 생각을 할 수 있도록 외교적 노력도 계속해야 한다.

① 정치적 교류가 경제적 교류보다 중요하다.
② 한반도 평화는 주변국의 결정에 달려 있다.
③ 외교적 노력은 한반도 평화에 도움이 되지 않는다.
④ 한반도 평화를 위해 남북한 당사자의 소통이 중요하다.

※ [14~15] 다음을 읽고 물음에 답하십시오.

> 이 세상에는 수많은 직업이 있고, 새로운 직업이 계속 등장하고 있다. SNS 시대가 되면서 '소셜 큐레이터(social curator)'라는 직업이 생겼다. 큐레이터는 원래 미술관이나 박물관에서 작품의 수집과 보존, 홍보를 위해 여러 가지 일을 하는 사람이다. 그리고 환경과 관련된 새로운 직업으로는 '에코(eco) 제품 디자이너'가 있다. 이들은 버려진 물건으로 새로운 제품을 만든다. 문화에 대한 관심이 높아지면서 '문화 PD'라는 직업도 나타났다. 이들은 한국 문화 콘텐츠(contents)를 영상으로 제작하여 전파하는 1인 문화 전달자이기도 하다. 이들은 지역의 문화, 역사, 예술 등을 소재로 홍보 영상을 만드는 일을 한다.

> (　　) 예전에는 상상도 하지 못했던 여러 종류의 직업이 탄생하였다. 지금 어떤 직업들이 인기가 있는지, 앞으로는 또 어떤 직업이 새로 생겨날지 생각해 보자. 이런 상황에서 우리에게는 어떤 직업이 적성에 맞고 능력에 맞는지 생각해 볼 필요가 있다.

14. (　　)에 들어갈 말로 가장 알맞은 것을 고르십시오.

   ① 시대가 바뀌면서
   ② 다양한 사람 때문에
   ③ 소득 수준이 높아지면서
   ④ 문화가 중요한 시대라서

15. 이 글 다음에 이어질 내용으로 가장 알맞은 것을 고르십시오.

   ① 다양한 직업의 중요성
   ② 직업을 선택할 때 적성의 중요성
   ③ 과거의 직업과 현재 직업의 관계
   ④ 과거 사람들의 취향과 오늘날 사람들의 취향

## 11과~15과

1. 밑줄 친 부분과 단어의 짜임이 <u>다른</u> 것을 고르십시오.

   주인이 개와 함께 외출할 때에 <u>목줄</u>을 준비하지 않는 경우가 있다.

   ① 논밭
   ② 소고기
   ③ 눈물
   ④ 돌다리

2. 밑줄 친 부분과 의미가 <u>반대인</u> 것을 고르십시오.

   길 한가운데에 교통사고가 난 흔적이 <u>선명하다</u>.

   ① 뚜렷하다
   ② 생생하다
   ③ 희미하다
   ④ 투명하다

3. 아래의 밑줄 친 부분의 의미로 가장 적절한 것을 고르십시오.

   <u>선거는 민주주의의 꽃</u>이라는 말이 있다. 한국에서 정치인을 뽑는 선거로는 대통령 선거, 국회의원 선거, 지방 선거가 있다.

   ① 선거를 통해서 국가의 최고 지도자를 뽑기 때문이다.
   ② 선거를 통해서 복지 사회를 실현할 수 있기 때문이다.
   ③ 선거를 통해서 경제 민주화를 이룰 수 있기 때문이다.
   ④ 선거를 통해서 국민의 의견을 모아 대표자를 뽑기 때문이다.

4. 밑줄 친 부분 중에서 단어의 쓰임이 적절하지 <u>않은</u> 것을 고르십시오.

   ① 대통령은 국민의 직접 선거를 통해 <u>선출된다</u>.
   ② 이 집회는 한국 정부에 항의하기 위해 <u>열렸다</u>.
   ③ 한국의 문화를 배우려는 유학생 수도 <u>늘리고</u> 있다.
   ④ 큰 건물에 화재가 나면 그 불은 쉽게 <u>꺼지지</u> 않는다.

5. 아래의 글이 무엇에 대한 내용인지 알맞은 것을 고르십시오.

> 인쇄 매체에서 가장 대표적인 것은 신문과 잡지라고 할 수 있다. 신문은 돈을 주고 사는지, 언제 발간되는지, 어느 지역에서 발간되는지에 따라서 유료 신문과 무료 신문, 조간신문과 석간신문, 중앙지와 지방지로 나눌 수 있다. 잡지는 발행 주기에 따라 주간지, 월간지 등으로 구분된다. 그리고 그 내용에 따라 경제와 관련된 내용, 취미와 관련된 내용, 과학이나 의학 등 전문적인 내용, 여성 관련 내용을 담은 것 등이 있다.

① 인쇄 매체의 특성　② 인쇄 매체의 유래
③ 인쇄 매체의 내용　④ 인쇄 매체의 종류

※ [6~7] 다음을 읽고 물음에 답하십시오.

> ( ㉠ )는/라는 말이 있다. '뻔한 속임수에 바보같이 왜 속는 거지?'라고 생각하면서 자신도 ( ㉡ ) 피해를 입는 것이 바로 피싱 범죄이다. 이러한 피해를 방지하기 위해서, 금융감독원에서는 국민들에게 각종 피싱 사기를 당하지 않게 주의해 줄 것을 당부했다.

6. ㉠에 들어갈 알맞은 속담을 고르십시오.

① 다 된 죽에 코 풀기.　② 손 안 대고 코 풀기.
③ 눈을 떠도 코 베어 간다.　④ 뒤로 자빠져도 코가 깨진다.

7. ㉡에 들어갈 말로 적절한 것을 고르십시오.

① 모르는 만큼　② 모르는 김에
③ 모르는 덕분에　④ 모르는 사이에

8. 아래 통계표의 내용과 다른 것을 고르십시오.

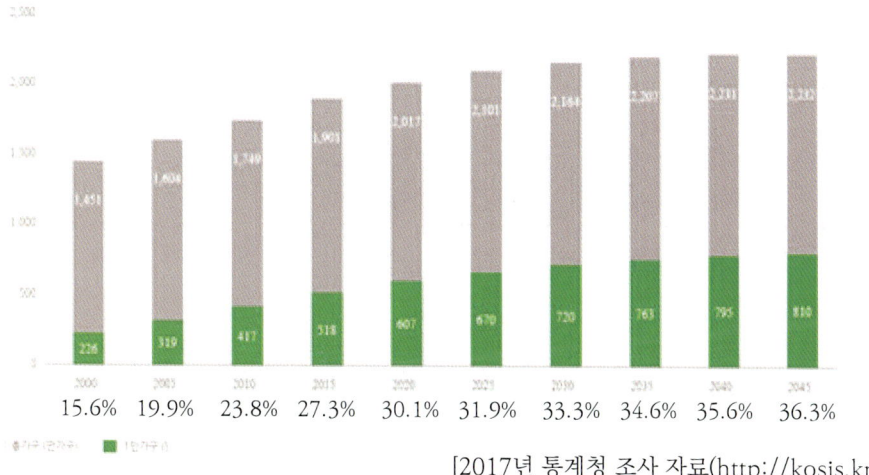

[2017년 통계청 조사 자료(http://kosis.kr)]

① 혼자 사는 1인 가구 수가 지속적으로 증가하고 있다.
② 2015년의 총 가구에 대한 1인 가구 비율은, 2000년에 비해 3배에 달한다.
③ 1인 가구는 2000년부터 2015년까지 비슷한 비율로 증가하는 추세를 보인다.
④ 2020년에는 1인 가구 수는 전체 가구 수의 30% 정도까지 증가할 전망이다.

9. ( )에 들어갈 말로 알맞은 것을 고르십시오.

> 지난달에는 같은 장소에서 이어폰을 꽂은 채 길을 가던 학생이 차에 치여 사망한 일이 있었습니다. 길을 걸을 때 이어폰을 꽂고 음악을 듣거나 스마트폰을 보면, (    ) 자칫하면 이와 같은 큰 사고로 이어질 수 있습니다. 이러한 사고를 예방하기 위해서는 운전 중이나 보행 중에 이어폰과 스마트폰을 사용하는 것을 자제해야 합니다.

① 주의 집중이 잘 되기 때문에
② 위험을 미리 알 수 없기 때문에
③ 발을 잘못 디딜 수 있기 때문에
④ 사망 사고가 잘 일어나기 때문에

10. 다음 글을 순서대로 맞게 배열한 것을 고르십시오.

> (가) 최근에는 스마트폰과 같은 모바일 기기가 널리 보급되었다.
> (나) 이 앱을 통해 사람들이 시간과 공간의 제약을 받지 않고, 직접 정보를 생산하고 서로 공유할 수 있게 되었다.
> (다) 이로써 양방향 소통이 활성화되어 여론 형성에 기여할 수 있게 되었다.
> (라) 그래서 모바일 기기에서 이용할 수 있는 여러 가지 유용하고 재미있는 앱도 앞다투어 개발되고 있다.

① (가) - (다) - (라) - (나)
② (나) - (다) - (가) - (라)
③ (가) - (라) - (나) - (다)
④ (나) - (가) - (다) - (라)

11. 아래 글의 중심 생각을 고르십시오.

> 한국 국민들이 의사를 표현하는 평화적인 방법으로 촛불 집회가 있다. 이 집회는 2002년 6월 여중생이 미군 장갑차에 치여 죽었을 때, 주한 미군과 한국 정부에 항의하기 위해 열렸다. 그리고 2008년 5월에는 10대 여학생들이 미국산 쇠고기의 수입을 반대하는 '촛불 문화제'를 연 이후 전국으로 확산되었다. 이 집회는 평화적으로 진행되었고, 대학생뿐 아니라 회사원, 유모차를 끌고 온 주부 등 많은 사람들이 참여했다.

① 촛불 집회는 주한 미군과 한국 정부에 저항하기 위해 처음 열렸다.
② 미국산 쇠고기의 수입을 반대하는 운동으로 촛불 문화제를 열었다.
③ 촛불 집회는 평화적으로 진행되는, 한국 국민들의 의사 표현 방식이다.
④ 집회는 대학생과 회사원, 주부 등 다양한 계층의 사람들이 참여할 수 있다.

12. 다음 글의 제목으로 가장 알맞은 것을 고르십시오.

> 혼자 사는 사람이 늘어나면서 2016년에는 새로 만들어진 말 가운데 '나홀로족'이 사람들에게 공감을 가장 많이 받은 단어로 나타났다. 이후 '혼밥(혼자 밥 먹기)', '혼술(혼자 술 마시기)', '혼놀(혼자 놀기)', '혼영(혼자 영화 보기)', '혼여(혼자 여행하기)' 등과 같은 단어도 생겨났다.

① '나홀로족'의 정의 ② 2016년 신조어의 종류
③ '나홀로족'의 발생 원인 ④ 2016년 취미 생활의 종류

13. 다음을 읽고 ( )에 들어갈 내용으로 알맞은 것을 고르십시오.

> 이처럼 한국에는 종교가 다양해서 종종 갈등이 생기기도 한다. 따라서 2018년 11월, '다름도 아름답다'는 주제로 '전국종교인화합마당'이 경주에서 열렸다. 비록 종교는 다를지언정 추구하는 궁극적인 목적은 그다지 다르지 않다. ( ), 진정한 화합을 이룰 수 있을 것이다.

① 각 종교의 목적이 하나로 통일될 때
② 갈등의 주요 원인인 다양성이 사라질 때
③ 전국의 모든 종교인이 화합 대회를 열 때
④ 타 종교를 인정하고 가르침을 실천해 갈 때

14. 다음 글의 주제로 가장 알맞은 것을 고르십시오.

> 최근에는 피싱 범죄가 빠르게 진화하고 있다. 가짜 홈페이지에 개인 정보를 입력하도록 유도하는 '파밍(pharming)'이나 휴대폰에 메시지를 보내 악성 코드를 설치하여 소액 결제 피해를 입히는 '스미싱(smishing)'까지 등장하여 사기 수법이 날로 교묘해지고 있다.

① 피싱 범죄의 원인 ② 피싱 범죄의 진화 양상
③ 피싱 범죄의 피해 사례 ④ 피싱 범죄에 대한 예방책

15. 다음 글을 쓴 목적으로 가장 알맞은 것을 고르십시오.

> 한편 이사를 할 때는 '손 없는 날'을 선택하여 이사를 하려는 사람이 많다. 다른 곳으로 이사를 한 후에 혹시나 미래에 생길지도 모르는 불행을 미리 막고 싶어 하기 때문이다. 또 중요한 시험을 치기 전에는 이번에 합격할 수 있을지 물어 보기도 한다. 그리고 연초에는 그 해의 운세가 어떨지 알아보기도 한다. 이처럼 점을 보는 것은 모두 미래에 대한 불확실성이나 불안감 때문이다.

① 점의 종류를 알려 주려고

② 점의 정확성을 밝히기 위해

③ 사람들이 점을 보는 이유를 설명하기 위해

④ 점을 보는 것은 바람직하지 못하므로, 점을 보는 일을 없애기 위해서

# 단원 종합 문제의 정답

| 종합문제 1 | 문항 | 1 | 2 | 3 | 4 | 5 |
|---|---|---|---|---|---|---|
| | 정답 | ③ | ② | ② | ④ | ④ |
| | 문항 | 6 | 7 | 8 | 9 | 10 |
| | 정답 | ④ | ④ | ③ | ② | ④ |
| | 문항 | 11 | 12 | 13 | 14 | 15 |
| | 정답 | ① | ③ | ③ | ④ | ① |
| 종합문제 2 | 문항 | 1 | 2 | 3 | 4 | 5 |
| | 정답 | ① | ④ | ① | ② | ③ |
| | 문항 | 6 | 7 | 8 | 9 | 10 |
| | 정답 | ② | ③ | ② | ③ | ④ |
| | 문항 | 11 | 12 | 13 | 14 | 15 |
| | 정답 | ① | ③ | ④ | ① | ② |
| 종합문제 3 | 문항 | 1 | 2 | 3 | 4 | 5 |
| | 정답 | ② | ③ | ④ | ③ | ④ |
| | 문항 | 6 | 7 | 8 | 9 | 10 |
| | 정답 | ③ | ④ | ② | ② | ③ |
| | 문항 | 11 | 12 | 13 | 14 | 15 |
| | 정답 | ③ | ③ | ④ | ② | ③ |

## 【부록 2】

※ 다음의 한국어 단어를 여러분 나라의 말로 쓰십시오.

### 1과 '어휘' 학습지

[본문 1]
- 지구 온난화:
- 매연:
- 냉방:
- 역할:
- 남극:
- 앓다:
- 베다:
- 녹다:

- 온실가스:
- 연료:
- 난방:
- 온도:
- 북극:
- 오염되다:
- 심다:

[본문 2]
- 댐:
- 농산물:
- 여유:
- 잔디:
- 짓다:
- 즐기다:
- 유지하다:
- 풍요롭다:

- 건설:
- 피해:
- 낭비:
- 영향:
- 줄어들다:
- 발생하다:
- 치다:

# 1과 '쓰기' 학습지

# 2과 '어휘' 학습지

[본문 1]
- 수도:
- 이념:
- 분단:
- 한강:
- 조선 시대:
- 일제 강점기:
- 통일:
- 갈라서다:
- 위치하다:

- 특별시:
- 38선:
- 한반도:
- 하류:
- 대한제국 시대:
- 교류:
- 지리적:
- 자리를 잡다:
- 갈라지다:

[본문 2]
- 주변:
- 지역 사회:
- 국토:
- 의견:
- 논의:
- 복합 도시:
- 분산:
- 정부:
- 국회:
- 전망되다:
- 백지화되다:

- 비약적:
- 집중:
- 균형:
- 행정 중심 도시:
- 일대:
- 자치시:
- 생활 환경:
- 위기:
- 조화롭다:
- 추진하다:
- 건설하다:

## 2과 '쓰기' 학습지

# 3과 '어휘' 학습지

[본문 1]
- 봉사:
- 성직자:
- 선교 활동:
- 독학:
- 건강검진:
- 말기:
- 투병 생활:
- 몹시:
- 의지하다:
- 흘리다:
- 이어지다:

- 신부:
- 신학대학:
- 성당:
- 연주법:
- 대장암:
- 선고:
- 세상:
- 소식:
- 존경하다:
- 보답하다:

[본문 2]
- 대명사:
- 고아:
- 막일:
- 거부감:
- 창업:
- 부상:
- 번번이:
- 딱딱하다:
- 마다하다:
- 감탄하다:
- 꼬불거리다:
- 극복하다:
- 떠올리다:

- 이민자:
- 유통 기한:
- 시련:
- 대성공:
- 중도:
- 무려:
- 맞닥뜨리다:
- 굿다:
- 시도하다:
- 선보이다:
- 얼큰하다:
- 포기하다:
- 비참하다:

## 3과 '쓰기' 학습지

# 4과 '어휘' 학습지

[본문 1]
- 중독성:
- 주역:
- 대중문화:
- 열풍:
- 수출:
- 대중가요:
- 빠지다:
- 돌파하다:
- 확대되다:

- 유튜브(youtube):
- 중화권:
- 열광:
- 촬영지:
- 각국:
- 특수성:
- 사로잡다:
- 방영되다:

[본문 2]
- 영상:
- 개막식:
- 투자자:
- 발굴:
- 초점:
- 반세기:
- 관람하다:
- 개최되다:
- 수립되다:
- 급성장하다:

- 레드 카펫:
- 인사:
- 양성:
- 관객:
- 호응:
- 풍덩:
- 비롯하다:
- 주선하다:
- 출범하다:
- 다가오다:

# 4과 '쓰기' 학습지

# 5과 '어휘' 학습지

[본문 1]
- 특징:
- 식품:
- 안내:
- 기본양념:
- 공동체:
- 유산:
- 조화:
- 등재하다:
- 비비다:
- 발행되다:

- 발효:
- 정성:
- 김장:
- 인류:
- 무형:
- 쌈:
- 나물:
- 어울리다:
- 섞이다:

[본문 2]
- 성인:
- 다방:
- 지식인:
- 판매:
- 봉지:
- 입맛:
- 줄짓다:
- 무너지다:
- 발전시키다:
- 띄다:
- 전시하다:

- 전문점:
- 예술가:
- 풍경:
- 전통:
- 경제:
- 잠기다:
- 엿보다:
- 개발되다:
- 손쉽다:
- 까다롭다:
- 참여하다:

# 5과 '쓰기' 학습지

# 6과 '어휘' 학습지

[본문 1]
- 유치:
- 차근차근:
- 지지:
- 동시:
- 종목:
- 위상:
- 그다지:
- 몰리다:
- 지르다:
- 치우치다:
- 개최지:
- 주목:
- 위원장:
- 환호성:
- 인구:
- 각국:
- 활발하다:
- 연잇다:
- 간절하다:

[본문 2]
- 프로야구:
- 제도:
- 응원 단장:
- 율동:
- 연속적:
- 갈매기:
- 일석이조:
- 특정하다:
- 외치다:
- 불다:
- 신기하다:
- 연고지:
- 남녀노소:
- 구호:
- 먼지떨이:
- 열기:
- 목청껏:
- 별칭:
- 독특하다:
- 찢다:
- 묶다:
- 접다:

# 6과 '쓰기' 학습지

# 7과 '어휘' 학습지

[본문 1]
- 필수품:
- 기기:
- 통신망:
- 파일:
- 각종:
- 거래:
- 등장하다:
- 접속하다:

- 모바일:
- 상호:
- 포털 사이트:
- 인터넷 뱅킹:
- 금융:
- 혁신:
- 처리하다:
- 공유하다:

[본문 2]
- 보상:
- 획득:
- 협동심:
- 익명성:
- 수면:
- 폭행:
- 심심찮다:
- 수행하다:
- 악용하다:
- 적절하다:

- 의식:
- 성취감:
- 경쟁심:
- 폭언:
- 우울증:
- 오락:
- 해소하다:
- 자극하다:
- 거래하다:
- 건전하다:

# 7과 '쓰기' 학습지

# 8과 '어휘' 학습지

[본문 1]
- 아동:
- 기금:
- 분유:
- 사례:
- 식량:
- 시설:
- 이념:
- 지원하다:
- 모금하다:

- 질병:
- 긴급:
- 후원금:
- 위원회:
- 수도:
- 인종:
- 시달리다:
- 설립되다:
- 실천하다:

[본문 2]
- 핵무기:
- 지출:
- 폐쇄적:
- 정책:
- 단지:
- 교류:
- 중단되다:
- 대결하다:
- 추진하다:
- 정착되다:

- 군사비:
- 휴전:
- 강경:
- 공단:
- 협력:
- 양보:
- 과도하다:
- 강화하다:
- 조성하다:

# 8과 '쓰기' 학습지

# 9과 '어휘' 학습지

[본문 1]
- 결핵:
- 영양:
- 위생:
- 뇌염:
- 서구화:
- 당뇨:
- 혈관:
- 간:
- 아토피:
- 감염되다:
- 심화되다:
- 퍼지다:

- 폐허:
- 면역력:
- 콜레라:
- 전염병:
- 암:
- 뇌:
- 심장:
- 천식:
- 밀접하다:
- 눈부시다:
- 섭취하다:
- 유행하다:

[본문 2]
- 권장량:
- 섭취량:
- 고혈압:
- 손상:
- 규칙적:
- 발표하다:
- 충분하다:
- 민감하다:
- 포함되다:

- 나트륨:
- 혈압:
- 기관:
- 뇌출혈:
- 수치:
- 유지하다:
- 흡수하다:
- 조절하다:
- 낮추다:

## 9과 '쓰기' 학습지

# 10과 '어휘' 학습지

[본문 1]
- 청년층:
- 낭만:
- 인턴십(internship):
- 실무:
- 비중:
- 연령:
- 취업난:
- 활짝:
- 한정되다:

- 실업률:
- 토익(TOEIC):
- 제도:
- 공무원:
- 응시:
- 제한:
- 안정적:
- 중요시하다:

[본문 2]
- 고용:
- 소셜 큐레이터:
- 보존:
- 에코:
- PD:
- 전달자:
- 적성:
- 협력하다:
- 탄생하다:

- 정보원:
- 수집:
- 홍보:
- 제품:
- 콘텐츠:
- 소재:
- 친환경적:
- 전파하다:

# 10과 '쓰기' 학습지

# 11과 '어휘' 학습지

[본문 1]
- 가축:
- 구성원:
- 보편화:
- 목줄:
- 두려움:
- 배설물:
- 단지:
- 한편:
- 합쳐지다:
- 넘어서다:
- 물리다:

- 개념:
- 인정하다:
- 수준:
- 입마개:
- 배변:
- 눈살:
- 전문가:
- 심지어:
- 엿보다:
- 미치다:
- 찌푸리다:

[본문 2]
- 관계:
- 나홀로족:
- 혼술:
- 혼영:
- 서점가:
- 연령:
- 가치관:
- 취향:
- (관계를) 맺다:
- 구매하다:
- 충실하다:

- 가구:
- 혼밥:
- 혼놀:
- 혼어:
- 지침서:
- 여가:
- 소유:
- 저축:
- 달하다:
- 꾸미다:

## 11과 '쓰기' 학습지

# 12과 '어휘' 학습

[본문 1]

- 불감증:
- 흔적:
- 블랙박스(black box):
- 주의력:
- 대책:
- 자칫하면:
- 빚다:
- 선명하다:
- 팔리다:
- 자제하다:

- 참사:
- 인도:
- 목격자:
- 예측:
- 미처:
- -경:
- 숨지다:
- 판독하다:
- 사망하다:

[본문 2]

- 신종:
- 범죄:
- 악성 코드:
- 결제:
- 보안:
- 입력:
- 잔고:
- 링크(link):
- 가장하다:
- 교묘하다:
- 뻔하다:

- 사기:
- 수법:
- 소액:
- 일명:
- 공지:
- 팝업창:
- 속임수:
- 사칭하다:
- 진화하다:
- 바닥나다:
- 당부하다:

# 12과 '쓰기' 학습지

# 13과 '어휘' 학습지

[본문 1]

- 언론:
- 인쇄:
- 해설:
- 조간:
- 주기:
- 월간지:
- 기사:
- 대표적:
- 신속하다:
- 발간되다:

- 매체:
- 전파:
- 정기 간행물:
- 석간:
- 주간지:
- 단일:
- 댓글:
- 뜻하다:
- 발행되다:

[본문 2]

- 제공:
- 메신저:
- 동영상:
- 대규모:
- 여론:
- 펼치다:
- 벌이다:
- 참여하다:
- 진행하다:
- 앞다투다:
- 형성하다:

- 주장:
- 논란거리:
- 공유:
- 제약:
- 대중:
- 제시하다:
- 토론하다:
- 제작하다:
- 유용하다:
- 힘입다:

# 13과 '쓰기' 학습지

# 14과 '어휘' 학습지

[본문 1]
- 선거권:
- 직선제:
- 중임:
- 득표율:
- 정당:
- 단체장:
- 정권:
- 선출하다:
- 치르다:
- 부여하다:

- 선출:
- 임기:
- 투표:
- 지역구:
- 무소속:
- 주권:
- 정통성:
- 채택하다:
- 행사하다:

[본문 2]
- 독재:
- 절차:
- 장갑차:
- 시위:
- 평화적:
- 저항하다:
- 혼란스럽다:
- 항의하다:
- 기원하다:

- 민중:
- 집회:
- 현행:
- 옥외:
- 비폭력적:
- 과격하다:
- 부여받다:
- 확산되다:

# 14과 '쓰기' 학습지

## 15과 '어휘' 학습지

[본문 1]

- 불교:
- 천주교:
- 교류:
- 교리:
- 개화기:
- 구성비:
- 인정:
- 화합:
- 궁극적:
- 꼽다:
- 전파되다:
- 추구하다:

- 개신교:
- 신자:
- 자비:
- 무교:
- 교파:
- 박해:
- 갈등:
- 갖은:
- 비로소:
- 삼다:
- 차지하다:

[본문 2]

- 점:
- 사주:
- 관상:
- 생김새:
- 수명:
- 손:
- 운세:
- 불안감:
- 기대감:
- 추세:
- 타로(tarot):
- 물리치다:
- 반영하다:

- 길흉화복:
- 궁합:
- 수상:
- 운명:
- 운수:
- 연초:
- 불확실성:
- 궁금증:
- 세태:
- 천막:
- 택하다:
- 근거하다:
- 개척하다:

# 15과 '쓰기' 학습지

## 【부록 3】 새 단어 찾기

### (ㄱ)

| | |
|---|---|
| 가구 | 93 |
| 가상 | 61 |
| 가축 | 90 |
| 가치관 | 93 |
| 각종 | 58 |
| 간 | 74 |
| 간절하다 | 50 |
| 갈등 | 122 |
| 갈라서다 | 18 |
| 갈라지다 | 18 |
| 갈매기 | 53 |
| 감염되다 | 74 |
| 감탄하다 | 29 |
| 강경 | 69 |
| 강화하다 | 69 |
| 갖은 | 122 |
| 개념 | 90 |
| 개막식 | 37 |
| 개발되다 | 45 |
| 개신교 | 122 |
| 개최되다 | 37 |
| 개최지 | 50 |
| 개최하다 | 125 |
| 개화기 | 122 |
| 거래 | 58 |
| 거래하다 | 61 |
| 거부감 | 29 |
| 건강검진 | 26 |
| 건설 | 13 |
| 건설하다 | 21 |
| 건전하다 | 61 |
| 결제 | 101 |
| 결핵 | 74 |
| 경 | 98 |
| 경쟁심 | 61 |
| 경제 | 45 |
| 고아 | 29 |
| 고용 | 85 |
| 고혈압 | 77 |
| 공단 | 69 |
| 공동체 | 42 |
| 공무원 | 82 |
| 공유 | 109 |
| 공유하다 | 58 |
| 공지 | 101 |
| 과격하다 | 117 |
| 과도하다 | 69 |
| 관객 | 37 |
| 관계 | 93 |
| 관련되다 | 85 |
| 관상 | 125 |
| 교류 | 18 |
| 교리 | 122 |

| | | | |
|---|---|---|---|
| 교묘하다 | 101 | 까다롭다 | 45 |
| 구매하다 | 93 | 깻잎 | 42 |
| 구성비 | 122 | 꼬불거리다 | 29 |
| 구성원 | 90 | 꼽다 | 122 |
| 구호 | 53 | 꾸미다 | 93 |
| 국제 | 37 | | |
| 국토 | 21 | **(ㄴ)** | |
| 국회 | 21 | 나물 | 42 |
| 군사비 | 69 | 나트륨 | 77 |
| 궁극적 | 122 | 나홀로족 | 93 |
| 궁합 | 125 | 난방 | 10 |
| 굿다 | 29 | 남극 | 10 |
| 권장량 | 77 | 남녀노소 | 53 |
| 규칙적 | 77 | 낭만 | 82 |
| 균형 | 21 | 낭비 | 13 |
| 그다지 | 50 | 낮추다 | 77 |
| 극복하다 | 29 | 냉방 | 10 |
| 근거하다 | 125 | 넘어서다 | 90 |
| 금융 | 58 | 녹다 | 10 |
| 급성장하다 | 37 | 논란거리 | 09 |
| 기관 | 77 | 논의 | 21 |
| 기금 | 66 | 농산물 | 13 |
| 기기 | 58 | 뇌 | 74 |
| 기본양념 | 42 | 뇌염 | 74 |
| 기사 | 106 | 뇌출혈 | 77 |
| 기원하다 | 117 | 눈부시다 | 74 |
| 긴급 | 66 | 눈살 | 90 |
| 길흉화복 | 125 | **(ㄷ)** | |
| 김장 | 42 | 다가오다 | 37 |

| | |
|---|---|
| 다방 | 45 |
| 단지 | 90 |
| 단체장 | 114 |
| 달하다 | 93 |
| 당뇨 | 74 |
| 당부하다 | 101 |
| 대명사 | 29 |
| 대성공 | 29 |
| 대장암 | 26 |
| 대중 | 109 |
| 대책 | 98 |
| 대표적 | 106 |
| 대한제국 시대 | 18 |
| 댐 | 13 |
| 독재 | 117 |
| 독특하다 | 53 |
| 독학 | 26 |
| 동시 | 50 |
| 동영상 | 109 |
| 두려움 | 90 |
| 득표율 | 114 |
| 등장하다 | 58 |
| 등재하다 | 42 |
| 떠올리다 | 29 |
| 뜻하다 | 106 |

## (ㄹ)

| | |
|---|---|
| 레드 카펫 | 37 |
| 링크(link) | 101 |

## (ㅁ)

| | |
|---|---|
| 마다하다 | 29 |
| 막일 | 29 |
| 말기 | 26 |
| 맞닥뜨리다 | 29 |
| 매연 | 10 |
| 매체 | 106 |
| 맺다 | 93 |
| 먼지떨이 | 53 |
| 메신저 | 109 |
| 면역력 | 74 |
| 모금하다 | 66 |
| 모바일 | 58 |
| 목격자 | 98 |
| 목줄 | 90 |
| 목청껏 | 53 |
| 몰리다 | 50 |
| 몹시 | 26 |
| 무교 | 122 |
| 무너지다 | 45 |
| 무려 | 29 |
| 무소속 | 114 |
| 무형 | 42 |
| 묶다 | 53 |
| 물리다 | 90 |
| 물리치다 | 125 |
| 미치다 | 90 |
| 민감하다 | 77 |
| 민중 | 117 |

| | |
|---|---|
| 밀접하다 | 74 |

**(ㅂ)**

| | |
|---|---|
| 바닥나다 | 101 |
| 박해 | 122 |
| 반세기 | 37 |
| 반영하다 | 125 |
| 발간되다 | 106 |
| 발굴 | 37 |
| 발생하다 | 13 |
| 발전시키다 | 45 |
| 발표하다 | 77 |
| 발행되다 | 42 |
| 발효 | 42 |
| 배변 | 90 |
| 배설물 | 90 |
| 백지화되다 | 21 |
| 번번이 | 29 |
| 벌이다 | 109 |
| 범죄 | 101 |
| 베다 | 10 |
| 별칭 | 53 |
| 보답하다 | 26 |
| 보상 | 61 |
| 보안 | 101 |
| 보존 | 85 |
| 보편화 | 90 |
| 복합 도시 | 21 |
| 봉사 | 26 |
| 봉지 | 45 |
| 부상 | 29 |
| 부여받다 | 117 |
| 부여하다 | 114 |
| 북극 | 10 |
| 분단 | 18 |
| 분산 | 21 |
| 분유 | 66 |
| 불감증 | 98 |
| 불교 | 122 |
| 불다 | 53 |
| 불안감 | 125 |
| 불확실성 | 125 |
| 블랙박스(black box) | 98 |
| 비로소 | 122 |
| 비롯하다 | 37 |
| 비비다 | 42 |
| 비약적 | 21 |
| 비중 | 82 |
| 비참하다 | 29 |
| 비폭력적 | 117 |
| 빚다 | 98 |
| 뻔하다 | 101 |

**(ㅅ)**

| | |
|---|---|
| 38선 | 18 |
| 사기 | 101 |
| 사례 | 66 |
| 사망하다 | 98 |

| | | | |
|---|---|---|---|
| 사주 | 125 | 소액 | 101 |
| 삼다 | 122 | 소유 | 93 |
| 상추 | 42 | 소재 | 85 |
| 상호 | 58 | 속임수 | 101 |
| 생계 | 29 | 손 | 125 |
| 생김새 | 125 | 손상 | 77 |
| 생활 환경 | 21 | 손쉽다 | 45 |
| 서구화 | 74 | 수도(首都) | 18 |
| 서점가 | 93 | 수도(水道) | 66 |
| 석간 | 106 | 수도권 | 21 |
| 섞이다 | 42 | 수립되다 | 37 |
| 선거 | 114 | 수면 | 61 |
| 선거권 | 114 | 수명 | 125 |
| 선고 | 26 | 수법 | 101 |
| 선교 활동 | 26 | 수상 | 125 |
| 선명하다 | 98 | 수준 | 90 |
| 선보이다 | 29 | 수집 | 85 |
| 선출하다 | 114 | 수치 | 77 |
| 설립되다 | 66 | 수행하다 | 61 |
| 섭취량 | 77 | 숨지다 | 98 |
| 섭취하다 | 74 | 시달리다 | 66 |
| 성당 | 26 | 시도하다 | 29 |
| 성인 | 45 | 시련 | 29 |
| 성직자 | 26 | 시설 | 66 |
| 성취감 | 61 | 시위 | 117 |
| 세상 | 26 | 식량 | 66 |
| 세태 | 125 | 식품 | 42 |
| 소셜 큐레이터 | 85 | 신기하다 | 53 |
| 소식 | 26 | 신부 | 26 |

| | | | |
|---|---|---|---|
| 신속하다 | 106 | 여론 | 109 |
| 신자 | 122 | 여유 | 13 |
| 신종 | 101 | 역할 | 10 |
| 신학대학 | 26 | 연고지 | 53 |
| 실무 | 82 | 연령 | 82, 93 |
| 실업률 | 82 | 연료 | 10 |
| 실천하다 | 66 | 연속적 | 53 |
| 심다 | 10 | 연잇다 | 50 |
| 심심찮다 | 61 | 연주법 | 26 |
| 심장 | 74 | 연초 | 125 |
| 심지어 | 90 | 열기 | 53 |
| 심화되다 | 74 | 엿보다 | 45, 90 |
| 쌈 | 42 | 영양 | 74 |
| | | 영화제 | 37 |

(ㅇ)

| | | | |
|---|---|---|---|
| | | 예술가 | 45 |
| 아동 | 66 | 예측 | 98 |
| 아토피 | 74 | 오락 | 61 |
| 악성 코드 | 101 | 오염되다 | 10 |
| 악용하다 | 61 | 옥외 | 117 |
| 안정적 | 82 | 온도 | 10 |
| 앓다 | 10 | 온실가스 | 10 |
| 암 | 74 | 외치다 | 53 |
| 앞다투다 | 109 | 우울증 | 61 |
| 양보 | 69 | 운명 | 125 |
| 양성 | 37 | 운세 | 125 |
| 언론 | 106 | 운수 | 125 |
| 얼큰하다 | 29 | 월간지 | 106 |
| 에코 | 85 | 위기 | 21 |
| 여가 | 93 | 위상 | 50 |

| | |
|---|---|
| 위생 | 74 |
| 위원장 | 50 |
| 위원회 | 66 |
| 위치하다 | 18 |
| 유산 | 42 |
| 유용하다 | 109 |
| 유지하다 | 13 |
| 유치 | 50 |
| 유행하다 | 74 |
| 율동 | 53 |
| 응시 | 82 |
| 응원 단장 | 53 |
| 의견 | 21 |
| 의식 | 61 |
| 의지하다 | 26 |
| 이념 | 18 |
| 이민자 | 29 |
| 이어지다 | 26 |
| 익명성 | 61 |
| 인구 | 50 |
| 인내 | 42 |
| 인도 | 98 |
| 인류 | 42 |
| 인사 | 37 |
| 인쇄 | 106 |
| 인정 | 122 |
| 인정하다 | 90 |
| 인종 | 66 |
| 인터넷 뱅킹 | 58 |

| | |
|---|---|
| 인턴십(internship) | 82 |
| 일대 | 21 |
| 일석이조 | 53 |
| 일제 강점기 | 18 |
| 임기 | 114 |
| 입력 | 101 |
| 입마개 | 90 |
| 입맛 | 45 |

(ㅈ)

| | |
|---|---|
| 자극하다 | 61 |
| 자리를 잡다 | 18 |
| 자비 | 122 |
| 자제하다 | 98 |
| 자치시 | 21 |
| 자칫하면 | 98 |
| 잔고 | 101 |
| 잔디 | 13 |
| 잠기다 | 45 |
| 장갑차 | 117 |
| 저축 | 93 |
| 저항하다 | 117 |
| 적성 | 85 |
| 적절하다 | 61 |
| 전달자 | 85 |
| 전망되다 | 21 |
| 전문가 | 90 |
| 전문점 | 45 |
| 전염병 | 74 |

| | | | |
|---|---|---|---|
| 전파 | 106 | 존경하다 | 26 |
| 전파되다 | 122 | 종목 | 50 |
| 전파하다 | 85 | 주간지 | 106 |
| 절차 | 117 | 주권 | 114 |
| 점 | 125 | 주기 | 106 |
| 접다 | 53 | 주목 | 50 |
| 접속하다 | 58 | 주변 | 21 |
| 정권 | 114 | 주선하다 | 37 |
| 정기 간행물 | 106 | 주의력 | 98 |
| 정당 | 114 | 주장 | 109 |
| 정보원 | 85 | 줄어들다 | 13 |
| 정부 | 21 | 줄짓다 | 45 |
| 정성 | 42 | 중단되다 | 69 |
| 정착되다 | 69 | 중도 | 29 |
| 정책 | 69 | 중요시하다 | 82 |
| 정통성 | 114 | 중임 | 114 |
| 제공 | 109 | 즐기다 | 13 |
| 제도 | 53 | 지구 온난화 | 10 |
| 제시하다 | 109 | 지르다 | 50 |
| 제약 | 109 | 지식인 | 45 |
| 제작하다 | 109 | 지역구 | 114 |
| 제품 | 85 | 지역 사회 | 21 |
| 제한 | 82 | 지원하다 | 66 |
| 조간 | 106 | 지출 | 69 |
| 조선 시대 | 18 | 지침서 | 93 |
| 조성하다 | 69 | 직선제 | 114 |
| 조절하다 | 77 | 진행하다 | 109 |
| 조화 | 42 | 진화하다 | 101 |
| 조화롭다 | 21 | 질병 | 66 |

| | |
|---|---|
| 집중 | 21 |
| 집회 | 117 |
| 짓다 | 13 |
| 찌푸리다 | 90 |
| 찢다 | 53 |

**(ㅊ)**

| | |
|---|---|
| 차근차근 | 50 |
| 차지하다 | 122 |
| 참사 | 98 |
| 참여하다 | 109 |
| 창업 | 29 |
| 채택하다 | 114 |
| 처리하다 | 58 |
| 천막 | 125 |
| 천식 | 74 |
| 천주교 | 122 |
| 청년층 | 82 |
| 추구하다 | 122 |
| 추세 | 125 |
| 추진하다 | 69 |
| 출범하다 | 37 |
| 충분하다 | 77 |
| 충실하다 | 93 |
| 취업난 | 82 |
| 취향 | 93 |
| 치다 | 13 |
| 치르다 | 114 |
| 치우치다 | 50 |

| | |
|---|---|
| 친환경적 | 85 |

**(ㅋ)**

| | |
|---|---|
| 콘텐츠 | 85 |
| 콜레라 | 74 |

**(ㅌ)**

| | |
|---|---|
| 타로(tarot) | 125 |
| 탄생하다 | 85 |
| 택하다 | 125 |
| 토론방 | 109 |
| 토익(TOEIC) | 82 |
| 통신망 | 58 |
| 통일 | 18 |
| 투병 생활 | 26 |
| 투자자 | 37 |
| 투표 | 114 |
| 특별시 | 18 |
| 특정하다 | 53 |
| 특징 | 42 |

**(ㅍ)**

| | |
|---|---|
| PD | 85 |
| 파일 | 58 |
| 판독하다 | 98 |
| 판매 | 45 |
| 팔리다 | 98 |
| 팝업창 | 101 |
| 퍼지다 | 74 |
| 평화적 | 117 |

| | |
|---|---|
| 폐쇄적 | 69 |
| 폐허 | 74 |
| 포기하다 | 29 |
| 포털 사이트 | 58 |
| 포함되다 | 77 |
| 폭언 | 61 |
| 폭행 | 61 |
| 풍경 | 45 |
| 풍덩 | 37 |
| 풍요롭다 | 13 |
| 프로 야구 | 53 |
| 피해 | 13 |
| 필수품 | 58 |

(ㅎ)

| | |
|---|---|
| 하류 | 18 |
| 한강 | 18 |
| 한반도 | 18 |
| 한정되다 | 82 |
| 한편 | 90 |
| 합쳐지다 | 90 |
| 항의하다 | 117 |
| 해설 | 106 |
| 해소하다 | 61 |
| 행사하다 | 114 |
| 행정 중심 도시 | 21 |
| 허용되다 | 117 |
| 혁신 | 58 |
| 현행 | 117 |

| | |
|---|---|
| 혈관 | 74 |
| 혈압 | 77 |
| 협동심 | 61 |
| 협력 | 69 |
| 호응 | 37 |
| 혼놀 | 93 |
| 혼란스럽다 | 117 |
| 혼밥 | 93 |
| 혼술 | 93 |
| 혼여 | 93 |
| 혼영 | 93 |
| 홍보 | 85 |
| 화합 | 122 |
| 확산되다 | 117 |
| 환호성 | 50 |
| 활발하다 | 50 |
| 활짝 | 82 |
| 획득 | 61 |
| 후원금 | 66 |
| 흔적 | 98 |
| 흘리다 | 26 |
| 흡수하다 | 77 |
| 힘입다 | 109 |

### 저자 소개

· 나찬연: 부산대학교 문학박사, 경성대학교 국어국문학전공 교수
· 김문기: 부산대학교 문학박사, 동아대학교 기초교양대학 조교수(강의전담)
· 권귀숙: 부산대학교 박사과정 수료, 경성대학교 창의인재대학 초빙외래교수
· 김미애: 경성대학교 박사과정 수료, 경성대학교 한국어학당 전임강사
· 차도현: 부산대학교 박사과정 수료, (전) 울산대학교 국제교류원 객원교수

*홈페이지 '벼리한국어학당(http://byeori.net)'에서는 '한국어 교육'에 관련한 멀티미디어 학습 자료를 온라인으로 제공합니다. 그리고 '학교문법교실(http://scammar.com)'에서는 한국어 문법의 내용과 관련한 '문답방'을 운영하고 있습니다.
*전자우편: ncy@ks.ac.kr
*대표전화: 벼리한국어학당. 051-663-4212
*사 무 실: (우) 48434 부산광역시 남구 수영로 309(대연동)
　　　　　경성대학교 인문관 119호, 나찬연 교수 연구실

**한국어 학습자를 위한 한국 시사 읽기**

**발　행** 2019년 2월 28일 초판 1쇄
　　　　 2024년 9월 10일 초판 2쇄
**지은이** 나찬연 김문기 권귀숙 김미애 차도현
**펴낸이** 최형록
**펴낸곳** 동아시아문화출판사 오미
**출판등록** 2017.08.29. (제329-251002017000009호)
**주　소** 대전시 동구 중교로 124
**전　화** 1599-8637
**팩　스** 070-7966-8637
**전자우편** omi-pub@naver.com

ⓒ 나찬연 외 2019
**ISBN** 979-11-964189-6-0 03710

이 책에 실린 모든 내용의 무단 전재와 복제를 금합니다.
책값은 뒤표지에 있습니다.

잘못된 책은 구입하신 곳에서 바꿀 수 있습니다.